最适合你的锻炼项目 一目了然、简单易学

肌肉锻炼
完全图解

（日）荒川裕志 著

王春梅 译

辽宁科学技术出版社
·沈阳·

目　录

最适合你的锻炼项目
一目了然、简单易学

肌肉锻炼 完全图解

作者寄语

　　书店的实用书籍专柜里陈列着很多有关肌肉锻炼的书，其中不乏一些有趣的刊物，里面介绍了大量的锻炼方法。而我自己，也执笔了很多与肌肉锻炼相关的书（当然是单册发行的，每本书都保留了自身的独特性）。这么说来，我也可以算是诸多作者中的一员。

　　对于确实需要了解有效的肌肉锻炼方法的读者来说，所谓大全类的书确实有效。但如果一本书中收纳了过多的项目，也难免有种令人眼花缭乱的感觉，不知不觉人的注意力就被转移了。确实有人跟我讲，"作为一个入门级选手，还真是不知道该如何是好"。正是因为这样，我才下定决心编写这本书，来告诉大家如何选择符合自己要求的肌肉锻炼方式。

　　说到肌肉锻炼的目的，有人是为了体态变化，有人是为了强身健体，有人是为了提升体育竞技能力……再说到锻炼的手段，有自重项目，有器械项目，有滑轮项目，还有哑铃项目……而且，即使是同样的锻炼项目，也可以衍生出很多不同的拓展姿态。所以，在面临这么多的锻炼目的、锻炼手段和锻炼方法的时候，一定要了解每一个模式的优点和缺点，以及可以实现的效果，然后再根据自身的目的进行选择。

　　在本书中针对各个锻炼部位提出多种锻炼项目，并且系统性地讲解每种项目的优点和缺点。请各位读者根据自身的目的和身体条件，选择适合自己的项目进行挑战吧。希望大家能够把这本书当成一本选择引导书，并从中受益。

日本国际武道大学　体育学部　副教授　荒川裕志

身体各部位主要肌肉分布

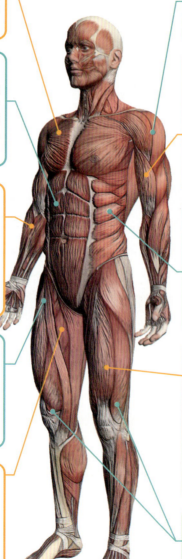

胸大肌（➡ p.36）

胸部肌肉。横跨肩关节连接锁骨、胸骨、肋骨（肋软骨）和肱骨。当在水平面上向前摆动手臂（肩关节水平内翻）时，发挥主动肌的作用。

腹直肌（➡ p.162）

腹部前面各自分开的肌肉。连接肋骨、胸骨和骨盆（耻骨）。当进行向前弯曲脊柱的动作（躯干弯曲）时，发挥主动肌的作用。同时还起到保护内脏的作用。

小臂屈肌群（➡ p.108）

小臂前面的肌肉群，在将手腕向手掌侧弯曲时（手关节弯曲）发挥作用。当进行弯曲拇指以外的4根手指、握住手的动作时，小臂屈肌群的浅指屈肌和深指屈肌成为主动肌。

髂腰肌（深处）（➡ p.126）

髋关节深处靠前的腰大肌和髂肌的总称。横跨髋关节，连接脊柱、骨盆和股骨。当进行向前摆动脚的动作（髋关节弯曲）时，发挥主动肌的作用。

长内收肌（内收肌群）（➡ p.146）

大腿内侧的肌肉。横跨髋关节，连接骨盆和股骨。与同为内收肌群的大内收肌一起，作为向内侧摆动脚的动作（髋关节内转）的主动肌发挥作用。另外，内收肌群的前侧（长收肌、耻骨肌等）对髋关节的屈曲动作也起到作用。

三角肌（➡ p.74、82）

覆盖肩膀的肌肉。横跨肩关节，连接肩胛骨、锁骨和肱骨。三角肌的前部主要作用于向前方摆动手臂的动作（肩关节弯曲），中部主要作用于向侧面抬起手臂的动作（肩关节外展），后部主要作用于向后方摆动手臂的动作（肩关节拉伸）。

上臂肱二头肌（➡ p.88）

最有力量的上臂前侧肌肉。横跨肩关节和肘部关节的双关节肌。当进行弯曲肘部的动作（肘关节弯曲）时，作为主动肌发挥作用。对向前摆动手臂的动作（肩关节弯曲）和向外扭转前臂的动作（前臂旋转外）也有作用。

外腹斜肌（腹斜肌群）（➡ p.170）

左右侧腹表层的肌肉，连接着肋骨和骨盆。与位于外腹斜肌深部的内腹斜肌一起，作为主动肌作用于横向弯曲脊柱的运动（躯干侧弯）和向相反方向扭转脊柱的运动（躯干旋转）。（左侧的外腹斜肌作用于向右旋转）

大腿直肌（大腿股四头肌）（➡ p.132）

大腿前部中央的肌肉。是横跨膝关节和髋关节的股四头肌中唯一的关节肌。与同为股四头肌的阔肌群一起，作为拉伸膝部动作（膝关节拉伸）的主动肌发挥作用。大腿直肌还对脚向前摆动的动作（髋关节弯曲）起作用。

广肌群（大腿股四头肌）（➡ p.132）

大腿前面外侧的外侧阔肌、内侧的内侧阔肌、大腿直肌深部的中间阔肌，这3个肌肉统称为广肌群。广肌群里的肌肉，都是只跨越膝关节的单关节肌。与同为股四头肌的股直肌一起，作为拉伸膝部动作（膝关节拉伸）的主动肌发挥作用。

斜方肌（→ p.54）

从背部中央延伸到上背部的肌肉。连接肩胛骨、脊柱、锁骨与头部后脑骨。上部主要作用于肩胛骨向上抬起的上举动作，中部和下部主要作用于肩胛骨向内侧靠近的内转动作。同时，下部也作用于肩胛骨向下的下压动作。整个斜方肌，是肩胛骨内转和上转动作时的主动肌。

脊柱起立肌（→ p.156）

这是一对附着在脊柱左右两侧的肌群总称，形态细长，沿着脊柱分布。其中包含最长肌群、肠肋肌群、棘肌群等，作为脊柱向后方弯曲、背部弯曲运动（躯干拉伸）的主动肌发挥作用。一部分肌肉对躯干侧弯、躯干旋转，以及颈部的运动也有作用。

臀大肌（→ p.112）

构成臀部形态的肌肉，也是人体中体积最大的肌肉。横跨髋关节，连接骨盆和股骨。作为向后摆脚动作（髋关节拉伸）的主动肌发挥作用。也是脚从根部向外扭动动作（髋关节外旋）的主动肌。另外，对于向内侧转脚时的髋关节内转和向外侧转脚时的髋关节外转运动也起到作用。

大内收肌（内收肌群）

（→ p.146）

大内收肌是内收肌群中最大的肌肉。横跨髋关节，连接骨盆和股骨，是大腿向内侧摆动动作（髋关节内转）的主动肌。因为位置比较接近腘绳肌，因此对髋关节拉伸动作也起作用。

腓肠肌（→ p.152）

构成小腿膨胀轮廓的肌肉。是横跨膝关节和踝关节（踝部）的双关节肌。与比目鱼肌一起伸展脚踝，在脚尖向下摆动时（踝关节底屈）作为主动肌发挥作用。同时，也与弯曲膝盖的动作（膝关节弯曲）有关。

背阔肌（→ p.54、62）

从背部下部延伸到腋下的肌肉。横跨肩关节，连接脊柱、骨盆和肱骨。当进行向后方摆动手臂（肩关节拉伸）、向内侧摆动手臂（肩关节内转）、在水平面向后方摆动手臂（肩关节水平外转）的动作时，作为主动肌发挥作用。

上臂肱三头肌（→ p.96）

上臂后面的肌肉。外侧头和内侧头是只跨越肘关节的单关节肌。只有长头，是横跨肩关节和肘部关节的双关节肌。作为肘部拉伸运动（肘关节拉伸）的主动肌发挥作用。作为双关节肌，长头也对向后摆动手臂的动作（肩关节拉伸）起到作用。

臀中肌（→ p.120）

位于臀部侧面的肌肉。横跨髋关节，连接骨盆和股骨。当进行脚向侧面转出动作（髋关节外转）或脚从根部向内转入动作（髋关节内转）时，作为主动肌发挥作用。

腘绳肌（→ p.138）

大腿内侧肌群。由半腱肌、半膜肌和大腿外侧的股二头肌组成。3个肌都是跨过膝关节和髋关节的双关节肌（股二头肌的肌短头除外）。是弯曲膝盖动作（膝关节弯曲）的主动肌，当进行向后方摆脚动作（髋关节拉伸）时，也作为主动肌发挥作用。

比目鱼肌（→ p.152）

形态扁平，大部分被腓肠肌覆盖。是仅跨过踝关节（踝部）的单关节肌。与腓肠肌一起，当进行拉伸脚踝、将脚尖向下摆动动作（踝关节底屈）时，作为主动肌发挥作用。

本书的阅读方法

希望本书能够帮助读者根据肌肉锻炼的目的、体力水平、锻炼环境等选择合适的项目，正确实践所选项目，获得理想的锻炼效果。

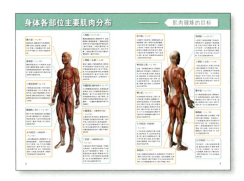

查阅 **目录**（➡p.2~6）和《**身体各部位主要肌肉分布——肌肉锻炼的目标**》（➡p.8~9）的部分，然后翻到自己需要锻炼的肌肉或身体部分的解说页。

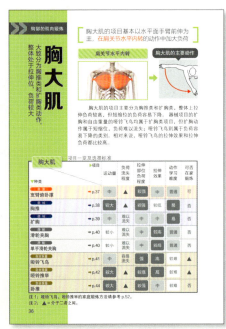

阅读需要锻炼的肌肉、部位的解说内容。然后根据同页面刊载的肌肉锻炼项目评价表——《**项目一览及选择标准**》,确认每种项目的特点、优点和缺点，选择既能满足锻炼目的也能负荷体能水平的项目。

然后,翻到所选项目的页面。

※请在序章中参考项目的选择标准和肌肉锻炼项目的特征(➡p.20~31)。

阅读所选项目的解说页,理解该项目的特征、可获得的效果、可使用到的肌肉、正确姿势、为实现效果的**要点**等,然后开始锻炼。

选择适合自己的肌肉锻炼项目

根据使用的道具，肌肉锻炼可以分为各种不同的种类，即使锻炼的目标肌肉相同，每种锻炼项目的特征也各有千秋。 为了保持肌肉锻炼的持续性，并最终获得满意的效果，应该从一开始就明确锻炼目的、了解自身体力水平、确认日常锻炼环境，这样才能选择到正确的锻炼项目。在正式开始之前，这个选择的过程非常重要。

我们可以从肌肉锻炼中获得哪些收益

肌肉锻炼和力量提升

所谓肌肉力量锻炼，就是通过给肌肉增加负荷的方法促进肌肉生长的肌肉锻炼。与此同时，也可以把肌肉锻炼看作提高肌肉力量的方法。

在肌肉锻炼的过程中，有很多增加负荷的方法，例如利用自己身体的自重，借助哑铃或杠铃的力量，使用拉力带、器械等。

原则上来讲，可以发挥的力量与肌肉发达程度（肌肉断面面积）成正比。所以正确的肌肉锻炼，可以获得发达肌肉和力量提升的双重效果。

我们人类无论是否运动，都会在维持正常生命活动的过程中随时消耗能量。我们把这种能量的消耗称为基础代谢。对于成年人来说，平均每日消耗的能量当中，约有60%用于基础代谢。有报告显示，肌肉锻炼的运动可以增加基础代谢量。

但与此相反，也有另外一些研究报告称"肌肉锻炼的运动不会影响基础代谢量"。但是至少，肌肉锻炼对我们变成不易胖的体质应该具备一定效果。

从另一个角度来说，肌肉量增加以后，身体线条会变得更加紧致。

发达肌肉的附加效果，就是形成不易胖的体质

肌肉变发达，意味着身体里的肌肉量增加，那么就很有可能形成不易肥胖的体质。

在对肌肉锻炼带来的基础代谢量增加进行研究后，也有报告称"通过3个月的肌肉锻炼，每天的基础代谢量增加了100千卡（1千卡=4.186千焦）"。

肌肉量增加之后，力量和速度会同时提升

在体育运动中，肌肉力量是在竞技类项目中发挥关键作用的基本条件之一。

肌肉发出的力量，将成为身体运动的原动力，因此以"大小强弱"定胜负。理论上来说，在技能条件相同的情况下，纤细的肌肉无法释放出更强大的力量。也就是说，如果想要让力量产生质的飞跃，就必须要锻炼出更发达的肌肉。

与此同时，发达的肌肉也与力量提升、速度提高有着紧密的联系。有人认为肌肉增加的同时，速度会下降，这可是一个不折不扣的误会。

因为肌肉变发达以后，就有能力释放出更加强大的力量。原本感到沉重的负荷，会变得相对轻巧。所以在负荷一定的情况下，身体和肌肉可以做出比以前更快的加速反应。

可以抑制因年龄增大导致的体力衰退

人的年纪变大以后，体力会有所衰退。而体力衰退以后，运动量就会逐渐减少，然后陷入体力进一步衰退的恶性循环中。

但是肌肉锻炼，可以在一定程度上保持、甚至于提高肌肉力量，从而有效抑制年龄增加导致的体力衰退，让我们一直保持年轻态的健康生活。

更重要的是，肌肉锻炼能够促进身体分泌荷尔蒙和睾酮等重要的激素，而这些激素具备让身体重返青春的作用。越是日常不运动的人，越是能在肌肉锻炼的过程中取得非常显著的效果。

锻炼肌肉的目的与可能获得的收益

肌肉变发达 = 肌肉力量提升　　锻炼肌肉的主要目的

视觉可见的收益
- 不易胖的体质
- 身体线条更加美观

身体机能的收益
- 提升体育运动的各种力量及速度
- 提高日常生活中的运动机能

可以得到的收益

使肌肉变发达的基本原理

给肌肉带来压力，促进荷尔蒙分泌

人的身体,具备这样一种能力,那就是能在面对压力的时候,逐步接受并适应压力。身体上的肌肉也一样,如果反复面对巨大的压力(负荷),就会为了适应这种压力而变得更加发达。肌肉变得发达,会让肌肉力量更加强大,因此可以承受更重的负荷。这就是使肌肉变发达的基本原理。因此,可以通过给肌肉施加负荷的方法,来进行肌肉锻炼。

对于可以使肌肉变发达的负荷来说,可以分为以下4个种类。

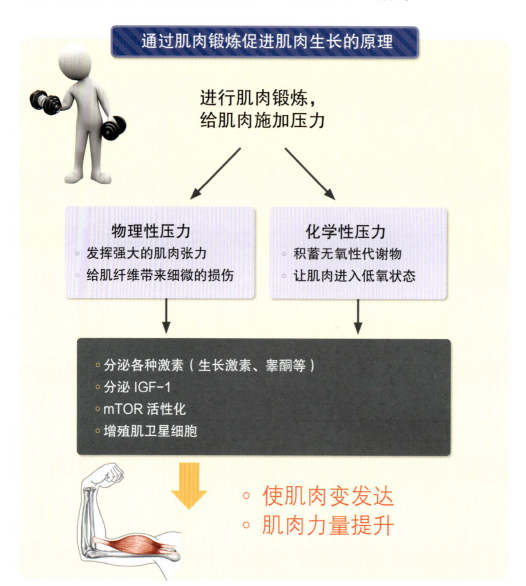

通过肌肉锻炼促进肌肉生长的原理

进行肌肉锻炼,
给肌肉施加压力

物理性压力
- 发挥强大的肌肉张力
- 给肌纤维带来细微的损伤

化学性压力
- 积蓄无氧性代谢物
- 让肌肉进入低氧状态

- 分泌各种激素（生长激素、睾酮等）
- 分泌 IGF-1
- mTOR 活性化
- 增殖肌卫星细胞

- 使肌肉变发达
- 肌肉力量提升

❶ 发挥强大的肌肉张力

在发挥肌肉张力（收缩肌肉时释放的力量）的时候，这个发挥力量本身就是给肌肉施加压力的过程，同时也成为促进肌肉变发达的信号。相反，如果肌肉长时间处于不承受任何压力的状态，那么肌肉就会衰退萎缩。例如宇宙飞行员长时间生活在宇宙空间中，他们的肌肉就会变得纤细赢弱，就是这个道理。

作为强健肌肉的重要原因之一，发挥强大的张力与快肌纤维的活动之间有着一定的关系。

构成肌肉的肌纤维当中，有负责瞬间爆发力的快肌纤维以及负责持久爆发力的慢肌纤维。其中，快肌纤维具备更容易使肌肉变发达的特质。人类在发挥身体肌肉张力的时候，通常都是从慢肌纤维开始启动的。反过来说，只有发动了更强大的肌肉力量，才能促使快肌纤维的运动。

如果我们想通过肌肉锻炼，取得使肌肉变发达和强健肌肉的效果，那么就需要把注意力集中在"赋予肌肉强大的负荷，刺激快肌纤维"这一点上。

发挥张力本身就是一种肌肉锻炼

肌肉面对负荷发挥张力的过程，恰巧成为促进肌肉发展的正向刺激，同时释放出让肌肉变得更加发达的信号。

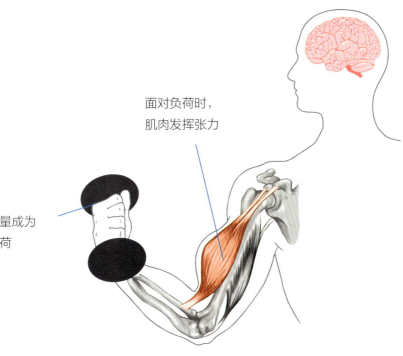

面对负荷时，
肌肉发挥张力

哑铃的重量成为
肌肉的负荷

15

❷ 给肌纤维带来细微的损伤

肌肉收缩（肌腱收缩），释放出强大的肌肉张力时，肌纤维（肌肉细胞）当中会产生细微的损伤。这个仅限于微观层面的肌纤维（肌肉细胞）损伤，其实是促进肌肉变发达、肌肉强大的一个信号。

这种细胞的损伤可以经由免疫反应等过程，促动肌纤维的基础——肌卫星细胞进行增殖。肌卫星细胞的增殖，又会跟肌纤维增大发生联动，最终实现肌肉变得更粗壮、更强大的结果。

我们知道，肌纤维的细微损伤是由离心收缩（Eccentric contraction）（肌肉活动）产生的。所谓离心收缩，就是指一边发挥肌肉张力，一边接受强大的外力，从而实现被拉伸的状态。

使用哑铃、杠铃等器具进行肌肉锻炼的场景，就是我们所说的离心收缩的具体事例。在我们进行肌肉锻炼的时候，不仅要重视向上提举哑铃，也要同样认真完成向下摆动的动作。

肌肉锻炼中的
下摆动作
（离心收缩）

小贴士

肌肉锻炼的基本原则，在于较大的活动范围

进行肌肉锻炼时，最基本的原则就是尽可能选择较大的活动范围。身处较大的活动范围时，运动量就会变大。但是请注意，当我们使用的重量变小时，却并不意味着施加在肌肉上的实际负荷也变小了。

缓慢下落

在哑铃卷曲向下的动作中，我们的身体一边承受着哑铃的重量，一边慢慢地进行离心收缩，从而实现肌纤维的细微损伤。如果向下摆动哑铃时"咚"地一下就放松了，则无法产生足够的负荷。

❸ 积蓄无氧代谢物

伴随着肌肉的收缩，身体在提供以乳酸为主的一氧化氮、氢离子等无氧性能量的同时，也会把同时产生的代谢物积蓄在体内。可是这些积蓄在体内的代谢物，不仅会成为肌肉的负担，还会促进身体分泌出会导致肌肉增长的生长激素以及睾酮。在我们刚刚完成运动以后，肌肉会在短时间内保持膨胀而坚硬的状态，这个现象就是由于无氧代谢物的积蓄而导致的。同时，这也是我们推测肌肉锻炼达成状况的参考信息之一。

即使负荷并不高，只要项目本身能够保持整个活动范围的负荷度均衡，那么即使是耗时很短的锻炼，也很容易在体内积蓄无氧代谢物。

❹ 让肌肉进入低氧状态

当肌肉长时间处于用力的紧张状态时，因为血管受到压迫、血流受阻，就会产生肌肉氧气供给不足的现象。这就是我们常说的肌肉低氧状态。在肌肉低氧状态中，我们很难调动慢肌纤维。因为慢肌纤维活动要依靠氧气才能实现能量代谢。相反，更容易实现肌肉变发达的快肌纤维则会被优先调动起来。在加压锻炼中，负重带会抑制血液流动，限制肌肉的氧气供给，从而实现肌肉锻炼的目的。

为实现肌肉的低氧状态，一个很有效的方法就是持续对肌肉施加负荷。但也没有必要进行过度锻炼，甚至引发身体虚脱的状态。只要能够持续发挥肌肉的力量，就是适当的锻炼项目，同时也是有效的锻炼方法。

负荷会流失的项目和负荷不会流失的项目

哑铃飞鸟（上图）和器械扩胸（右图）看起来很相似，但是两者的负荷施加方式截然不同。在哑铃飞鸟的动作中，两臂闭合起来以后肌肉负荷会自然减轻。而与此相对，在器械扩胸的动作中，由于整个活动范围始终保持一定程度的负荷，因此容易帮助胸大肌通过无氧代谢物的积蓄和肌肉的低氧状态来实现锻炼目标。

负荷（重量）、次数的设定

在负荷达到极限的状态下重复8~10次

进行肌肉锻炼的过程中，锻炼的负荷强度、反复次数、锻炼时间间隔等会在很大程度上左右锻炼的效果。如果初始设定不合适，那么所得效果可能会缩水很多。

大量研究结果显示，在负荷达到极限（8~10RM）的状态下重复进行8~10次锻炼，可以实现最优的肌肉锻炼效果。

这意味着，每次动作反复的时候，负荷强度应等同于可能最大重量（负荷）的75%~80%。我们认为，把肌肉锻炼的负荷量设定到这样的程度，可以得到最高效、最优质的肌肉锻炼效果。

以3组为目标，把力量发挥到极致

无论是哪个肌肉锻炼项目，反复进行多组锻炼的效果，都要比只做1组锻炼的效果更好。但是我们并不能无休止地把时间都花费在健身上。所以对于入门者来说，1个动作重复3组就可以了。

当逐步适应健身规律以后，可以把每个动作增加到4~5组，或者追加相同部位的不同动作。只要身体尚可承受，就可以增加运动量。

卓有成效的肌肉锻炼设定

（以进行 1 个项目的锻炼为例）

1 组 = 8~10RM

↓ 间隔 3 分钟以内

2 组 = 8~10RM

↓ 间隔 3 分钟以内

3 组 = 8~10RM

注：如果第 3 组结束后仍有余力，则可以考虑增加设定重量（负荷）。

动作之间的时间间隔控制在 1~3 分钟

如果能把动作之间的时间间隔控制在1~3分钟,更有助于我们得到理想的锻炼效果。因为这种情况下促进肌肉变发达的无氧代谢物积蓄和激素的分泌反应都比较大。曾经有人为了验证间隔时间与生长激素分泌的关联性,做了相关试验。结果显示,与3分钟间隔相比,以1分钟间隔进行锻炼后获得的激素分泌量更多。

但是,对于运动量较大的项目来说,如果间隔不够长,会导致下一组动作过于疲劳,甚至锻炼强度受到影响。这种情况下,保留充分的间隔时间应该更好一些。

负荷强度以及 RM 与肌肉锻炼效果的关系

负荷强度 （％1RM）	RM （数字代表次数）	主要效果	特 征
100 95 93 90	1 2 3 4	肌肉增强 （※很大程度上取决于上举技术等神经系统的适应）	如果反复次数少,运动的量就会变小,因此几乎得不到肌肉变发达的效果
87 85 80 77 75 70 67	5 6 8 9 10~12 12~15 15~18	肌肉变发达的同时提升力量	该设定水平可以有效获得肌肉变发达的效果。特别是8~10RM,这是获得肌肉变发达效果的最佳水平
65 60 50	18~20 20~25 30~	肌肉持久力提升	由于负荷强度较弱,几乎得不到肌肉变发达的效果

注：“％1RM”是一个数值单位,表示一次反复达到极限时负荷强度的百分比。

如何选择肌肉锻炼项目

对于相同部位的肌肉，选择多种肌肉锻炼项目

对于每一种肌肉锻炼项目来说，都有其针对性最强的目标肌肉。反过来说，对于各个部位的肌肉，也对应着很多不同的锻炼方法（种类），例如不同的项目、负荷、姿势、动作、使用的器具等。

对于相同的肌肉锻炼目标来说，不同项目拥有各自的优点和缺点，所以我们应该辨别出各种项目的特征，然后根据自身条件选择最为合适的锻炼方法。

在本章节中，我们将详细讲解如何选择肌肉锻炼项目。具体来说，包括5个基本方面：运动量、负荷流失程度、拉伸部位负荷、拉伸效果、动作学习难度。通过对这5个项目的比较，认清各个项目的特征（※ "在家实施"的项目，是适用于自己在家进行健身的参考信息）。

大家进行肌肉锻炼的目的不一样，有人需要通过运动减肥，有人需要利用高负荷使肌肉变发达，有人需要通过适度的锻炼紧致身体线条等。但只有有的放矢地选择符合自身体力水平的项目，才能提高长期坚持下去的可能性，从而切实地获得目标效果。

肌肉锻炼项目的选择标准

项目选择的标准	各选择标准的要点
运动量 ➡ p.21	项目的运动量越大，动员的肌肉就越多，因此能量消耗量会增加
负荷流失程度 ➡ p.22	负荷保持得越持久，肌肉内的代谢环境越严苛，可以带来的化学性压力就越大
拉伸部位负荷程度 ➡ p.23	肌纤维处于相对长（被拉伸）的状态、同时负荷又很强的项目，更容易引发肌纤维的细微损伤。而这种损伤是促成肌肉变发达的因素之一
拉伸效果 ➡ p.24	在某些肌肉锻炼的项目中，锻炼动作的本身就能带来增加柔软性（扩大关节活动范围）的拉伸效果
动作学习难度 ➡ p.25	对于不同的肌肉锻炼项目来说，掌握正确的锻炼姿势非常重要。如果以错误的体态进行锻炼，将得不到预期的效果
可否在家锻炼	在自己家中可以实施的项目通常具有很高的通用性。因为不去健身房也能实施，所以更容易坚持下去

肌肉锻炼项目的选择标准 ❶

运动量

每种肌肉锻炼动作相对的能量消耗量

这里提到的运动量概念，指的是重复1次锻炼动作需要消耗的能量。我们可以认为，通过这个指标，能够了解全身肌肉群在每种项目中一共被动员了多少。

原则上来说，运动时的能量消耗量与运动量（力×移动距离）成正比。因此，如果某个项目所用到的重量越大、移动距离越长，那么我们获得的能量消耗量（运动量）也越大。

一般来说，多个关节同时动作的项目要比单关节项目消耗更多的能量，也就是说运动量更大。以此类推，与上半身相比，下半身的肌肉体积更大，因此下半身运动时往往会产生更大的运动量。

运动量比较大的项目，能促进身体分泌出使肌肉变发达相关的各种激素，也更容易造成身体疲劳。所以运动量大的项目，势必存在呼吸急迫、容易感到精神疲劳的问题。在我们组合运动计划的时候，请留心搭配不同项目之间的运动量平衡。

锻炼大腿前部大腿股四头肌的伸展运动（右图）和杠铃蹲（左图）。伸展运动是只伸展膝关节的单关节项目，与此相比，下蹲运动不仅是膝关节，也是髋关节伸展的多关节项目，因此需要动员更多的肌肉，从而带来更大的运动量。

负荷流失程度

持续给肌肉增加负荷，引发化学性压力

在肌肉锻炼动作中，肌纤维从伸展到最长至收缩到最短的过程中，未必一直承受着负荷。在有些项目中，局部关节活动范围的负荷很有可能有所流失。

例如，下蹲后又站起来的体态，或者侧举后手臂下降的体态，都没有给目标肌肉带来负荷。

但也有始终让全部关节活动范围处于负荷状态的项目。滑轮夹胸就是一个典型的代表项目。在这个项目中，从手臂牵

引的动作开始，到拉伸到身体前方为止，目标肌肉——胸大肌始终处于一定的负荷状态。

运动过程中不流失负荷，非常有利于给肌肉带来化学性压力。我们在p.14~17提到肌肉4个压力时，讲解到的无氧性代谢物积蓄和低氧状态就是这种化学性压力。持续向肌肉施加压力，将导致肌肉的生理学环境恶化，所以在以实现肌肉发达为目的、重视化学性压力刺激的情况下，要优先考虑负荷不容易流失的项目。

滑轮夹胸，是用来锻炼胸部胸大肌的项目。由于手臂不是上下摆动，而是在横向轨道上摆动的，因此在特定位置上对胸大肌的负荷不会轻易流失。

锻炼肩部三角肌中部的哑铃侧举。手臂开始向下放松时，负荷有所流失。

拉伸部位负荷程度

给伸展的肌肉增加负荷，引起肌肉的细微损伤

如前所述，肌肉锻炼的过程中，未必所有的关节活动范围都始终处于负荷状态。

在大多数的项目中，动作过程中赋予目标肌肉的负荷强度会不断变化。与此相同，每个项目中负荷达到峰值的局面也有所不同。基本来说，可以分为以下3种类型：肌纤维较长状态下赋予最大负荷的项目、肌纤维较短状态下赋予最大负荷的项目和居于两者之间的项目。

本书中，特别着重对肌纤维较长状态

（拉伸位）下赋予最大负荷的项目进行了分类。因为在肌肉伸长、肌肉张力发挥的时候，更容易引发肌肉的细微损伤。

在p.16的讲解中提到过，肌纤维的细微损伤是促进肌肉发达的一种合理压力。选择在目标肌肉伸张状态下进行高负荷项目，能有效引发肌肉细微损伤从而实现肌肉变发达的目标。

但不能不提，肌肉损伤会直接带来第二天的肌肉酸痛。如果不想忍受肌肉酸痛，就应该尽量避免拉伸位时负荷过强的项目。

锻炼三角肌后部的哑铃侧平举。站立实施的

负荷高

负荷低

时候，向下放哑铃的拉伸位负荷有所减弱。但若侧卧进行，即使放下哑铃，负荷也不会流失，因此拉伸负荷更强。

拉伸效果

利用肌肉锻炼的负荷，进行肌肉拉伸

肌肉锻炼的目的，通常为使肌肉变发达，同时提升肌肉力量。但在某些锻炼项目中，我们还可以进一步获得肌肉拉伸的效果。

这里所说的拉伸效果，是指以静态拉伸为主要目的的提高柔软性、扩大关节活动范围。虽然有时肌肉锻炼会给人留下身体坚硬的印象，但如果选择了合适的项目，同样可以期待达到提高身体柔软性的效果。

我们可以期待从能把肌肉拉伸到接近极限的项目中，获得最佳的拉伸效果。其中一个具有代表意义的项目，是可以给大腿内侧带来强烈刺激的罗马尼亚硬拉项目。

在静态拉伸的运动中，主要利用拮抗肌（位于主动肌相反一侧并同时松弛和伸长的肌肉）的力量拉伸目标肌肉。但是同样可以使用自重和哑铃的重量来起到拉伸目标肌肉的作用。

我们可以认为，与利用自身力量进行的静态拉伸相比，肌肉锻炼能够达到更好的肌肉拉伸效果。

动作学习难度

易于学习的项目，更适合肌肉锻炼的入门级人群

为了让肌肉锻炼真正在目标肌肉上发挥效果，就一定不要忘了大前提——运用正确的姿势进行锻炼。当然，每个项目的姿势不同，掌握起来的难易度也不同。

整体来说，器械项目的体态要比其他类项目更容易掌握。因为器械的构造已经决定了手臂、脚、上半身的活动轨道，所以不用刻意保持也能实现正确的运动体态。

即便如此，进行器械运动的时候还是有很多需要注意的地方。本书会分门别类地进行重点讲解。

在使用拉力带、滑轮、哑铃、杠铃等项目中，体态的自由度相对高一些。所以与器械项目不同，掌握正确体态的难度要更高一些。

特别是站立状态下进行的自重项目，对保持身体平衡有很高的要求。所以掌握正确体态更加有难度。

针对肩胛骨、躯干、髋关节周边进行锻炼的时候，要有意识地对目标肌肉和部位进行锻炼，相对难度更高。这意味着掌握这些项目正确体态的难度要更高一些。

对于刚刚开始进行肌肉锻炼的入门者来说，从比较容易掌握正确体态的项目开始，可以较快地获得目标肌肉的锻炼效果。最重要的是，以稳定的体态进行锻炼，可以在最为安全的环境中进行。

用与深蹲基本相同的动作锻炼大腿股四头肌、内收肌群和臀部臀大肌的腿部推拉机（Leg press machine），与杠铃深蹲具有相同的高负荷水平，也可以在稳定而安全的环境中实现运动极限。

肌肉锻炼的项目与特征

各有所长的5种肌肉锻炼项目

虽然肌肉锻炼项目数不胜数，但我们可以根据需要使用不同器具进行分类，进一步评价各种肌肉锻炼的优点和缺点。在选择最适合自己的肌肉锻炼项目之前，先来了解一下各种肌肉锻炼项目的特征吧。

基本来说，肌肉锻炼的项目可以分为5个种类，分别是仅依靠自身体重作为负荷的自重锻炼、使用拉力带的拉力带锻炼、使用运动器械的器械锻炼、使用滑轮的滑轮锻炼和使用哑铃或杠铃的自由重量锻炼。

无论你的目标肌肉位于哪个部位，基本上都可以通过这5种锻炼达到目的。

例如，对于相同的肌肉可以同时组合自重项目和器械项目，然后调整每个动作的重量，以此获得不同的锻炼效果。针对相同的肌肉来组合不同的锻炼项目，才是真正有效的锻炼方法。

主要的肌肉锻炼项目及特征

项目	主要优点	主要缺点
自重锻炼 ➡p.27	◦ 不必去健身房 ◦ 安全地达到运动极限	◦ 难以调整负荷大小 ◦ 有些部位难以锻炼
拉力带锻炼 ➡p.28	◦ 不必去健身房 ◦ 负荷不会轻易流失	◦ 拉伸负荷低 ◦ 拉伸效果低
器械锻炼 ➡p.29	◦ 体态学习难度较低 ◦ 安全地追求高负荷锻炼效果	◦ 摩擦导致偏心收缩时的负荷下降 ◦ 务必前往健身房
滑轮锻炼 ➡p.30	◦ 负荷不会轻易流失 ◦ 从多方向施加负荷	◦ 摩擦导致偏心收缩时的负荷下降 ◦ 务必前往健身房
自由重量锻炼 ➡p.31	◦ 运动量大 ◦ 追求高负荷锻炼效果	◦ 学习正确体态的难度较高 ◦ 有受伤的风险 ◦ 务必前往健身房

注：虽然是自由重量，但只要有哑铃，就可以自己在家中进行锻炼。

自重锻炼

在家里不需要使用任何器具，安全地进行肌肉锻炼

俯卧撑和腹肌等项目，均利用自身的体重来进行锻炼，被称为自重锻炼。

与其他运动项目相比，自重锻炼的最大优势就是不需要使用任何器具。对于没有时间、没有经济条件前往健身房的人来说，在家做自重锻炼可谓最理想的方式了。

而且，自重锻炼没有哑铃或杠铃掉下来的风险，能让初学者在最安全的环境中发挥出锻炼的极致效果。

与其他使用器具、器械的锻炼项目不同，自重锻炼不能灵活地调整负荷大小。如果负荷太轻，难以实现理想的效果。如果负荷太重，难免几组锻炼之后就筋疲力尽，进而始终无法达到提高肌肉力量的目的。如果有这样的问题，就需要下些功夫来调整相对的负荷大小。

在本书当中，列举了用单脚代替双脚的动作、选购物美价廉的辅助器材等方法，以此达到增减自重锻炼负荷的目的。敬请参考后篇的详细解说。

俯卧撑系的项目，可以通过双膝落地来流失负荷。

拉力带锻炼

可以在家调整运动负荷、实现多种锻炼项目的万能器具

拉力带锻炼是一种利用辅助器具进行锻炼的项目。与自重锻炼相同，具备在家也能进行锻炼的优点。甚至在出差、旅游的时候也能随身携带。

另外，如果改变拿拉力带的位置、调整拉力带的长短，就可以轻易地增减锻炼的负荷量。另外，拉力带可以被广泛地应用于多种锻炼项目，是一款实用性非常高的健身器具。

从锻炼效果的角度来说，拉力带锻炼项目中存在的惯性影响很小，所以很难产生活动范围局部负荷流失的问题。其结果就是在无氧代谢物的积蓄、低氧状态等化学性压力下，达到使肌肉变发达的效果。

另外，拉力带的长短对拉力带张力有很大影响。在拉力带处于松缓的状态时，给肌肉带来的负荷相对小一些。

既然在肌肉发挥力量的时候直接拉伸，那就意味着拉伸负荷相对较小。也就是说，拉力带锻炼带来的肌纤维细微损伤较小，在促进肌肉生长方面有所缺陷。

拉力带手臂卷曲项目，用以锻炼上臂前侧的上臂肱二头肌。即使弯曲肘部，也很难让负荷流失。如果使用2米长的拉力带，则可以同时锻炼双臂。

器械锻炼

在安全的环境中追求高负荷的锻炼极限

器械锻炼的特征在于,具备与哑铃锻炼相同量级的重量水平,但是却能保证锻炼过程中的安全性。

另外,由于器械预先规划好了动作轨迹,所以与其他锻炼相比,学习的难度较低。

几乎所有的器械都可以更换配重块,所以无须花费大量时间就能调整锻炼负荷。正因为如此,我们甚至可以简单地实现每组锻炼之间的重量切换。

进行器械锻炼时,难免产生与手柄接触部分的摩擦力或者配重块自身的摩擦力,这个影响可能会导致实际负荷与标重相比偏小的缺点。每一台器械的摩擦系数不同,但只有在偏心收缩的情况下完全实现负荷,才能实现理想的肌肉锻炼效果。所以在进行器械锻炼的时候,要充分考虑到这一点的影响程度。

无论如何,器械锻炼还是一种极具优势的锻炼方法。

用于锻炼肩部三角肌的机械肩部推拉机(左图)和杠铃背举机(右图)。即使面对同等水平的高负荷,器械锻炼也能以稳定而安全的形式达到锻炼极限。

绳索锻炼

　　绳索锻炼属于器械锻炼的一种,本书中把所有牵引拉绳的器械项目都单列出来,作为绳索项目单独介绍。

　　与器械锻炼相同,绳索锻炼也可以轻易调节重量,能在安全的环境下锻炼肌肉。而且,对于一般的滑轮器械来说,我们还可以通过调整滑轮起点的位置,来避免重力作用方向的单一性。这样,就能从任一方向增加负荷,起到锻炼肌肉的效果了。由此可见,绳索项目具备自由重量项目和自重项目所没有的优势——挑战难以锻炼的身体部位。

　　由于绳索负荷几乎不受重力的影响,所以整体关节活动范围的负荷都能保持持久。可以说,绳索项目是实现化学性压力、达到肌肉锻炼效果的最佳锻炼方法。

　　但也正是因为绳索项目的动作轨迹自由,在所有器械锻炼项目当中,滑轮项目的正确体态最难掌握。另一个与器械锻炼项目相同的缺点,就是摩擦力对偏心收缩的影响比较大。如果在使用的过程中,感觉到比较大的滑轮摩擦力,那么就要多加留意。

向斜上方交叉拉绳,以锻炼胸大肌上部。由于远离拉绳的起点,所以力量偏向斜前方,因此负荷可以一直保持到每一组动作结束。

肌肉锻炼项目 ❺

自由重量锻炼

使用哑铃或杠铃的自由重量锻炼，可以说是肌肉锻炼的王道项目。

只要习惯了自由重量锻炼的项目，那么应对高负荷的挑战也自然不在话下。在自由重量锻炼的项目中，不会发生器械锻炼的摩擦力导致偏心收缩、负荷流失的局面。

而且，自由重量锻炼可以动员到更多的肌肉群，相应的运动量更大。发动全身的肌肉以后，身体整体承受的压力更大。受到这种刺激，身体分泌出来的各种激素又正好可以促进肌肉生长。

对于可以定期前往健身房，并且追求极高锻炼效果的人群来说，优先推荐自由重量锻炼项目。

与此同时，自由重量项目的运动轨迹相对自由，掌握正确体态的难度较大。我们经常会遇到由于体态不正确，而导致运动效果下降的情况。更何况，稍不注意就会导致身体受伤。这些都是自由重量项目的劣势。

一般来说，自由重量项目比较适合肌肉锻炼的资深人群。但只要重量设定得合适，即使是女性健身爱好者，也无须望而却步，可以大胆地尝试一下。

硬拉（左图）和杠铃下蹲（右图）等站立式应对高负荷的自由重量项目，都具备相对自由的运动轨迹。因此除了目标肌肉以外，还可以动员到很多肌肉群。

提升肌肉锻炼效果的技巧

❶ 区别髋关节与躯干的动作

髋关节,位于大腿根的部位,髋关节的动作是指大腿根相对于骨盆的动作。

另外,所谓躯干,是指上半身的部位,躯干的动作是指骨盆以上的脊柱(脊梁骨)部分的动作。具体来说,就是身体分别向前后左右弯曲、扭动的动作。

髋关节和躯干的动作结构和主要发动的肌肉群完全不同,但却常被混为一谈。我们应当针对不同的肌肉锻炼目的,仔细区分二者的区别。

❷ 控制肩胛骨的动作

肩胛骨,位于手臂根部,是肩关节的基础,可以拉动肋骨后侧的运动。另外,手臂动作不仅仅是由肩膀带动的,作为肩关节的基础,肩胛骨也可以带动手臂运动。

肩胛骨的动作,主要分为上下、左右和旋转3种。摆动手臂的关节运动,与肩胛骨的动作密切相关,因此在锻炼肩部周围的肌肉时,需要根据目的来切实控制肩胛骨的动作(活动肩胛骨,或有意识地对其进行固定等),以此动员目标肌肉的活动。这点尤为重要。

❸ 理解双关节的特性,分别锻炼

肌肉具有拉伸时更容易被动员的性质。把2个关节完全分成2种关节肌进行锻炼时,就正好可以利用这个性质。

例如,由于上臂肱二头肌是负责肘部弯曲和手臂向前摆动(肩关节弯曲)动作的双关节肌,因此与向后方摆动手臂(肩关节弯曲)的弯曲相比,上臂肱二头肌的伸展更强烈。也就是说,此时作为单关节肌的上臂肌和肱桡肌更容易被动员。

相反,当进行手臂向前方摆动的器械卷臂动作时,上臂肱二头肌相对松缓,难以被动员,而上臂肌和肱桡肌的贡献会相对大一些。如此发挥双关节肌的特性,可以实现与单关节肌的区分锻炼。

用背部（脊柱）弯曲的动作锻炼脊柱起立肌的动作，被称为躯干后拉伸。在开始时固定髋关节，与此同时弯曲脊柱，压低头部。

髋关节带动上半身抬起，这个动作可以锻炼臀大肌和腘绳肌，称为髋关节后拉伸。起始体态为髋关节弯曲，上半身下垂。

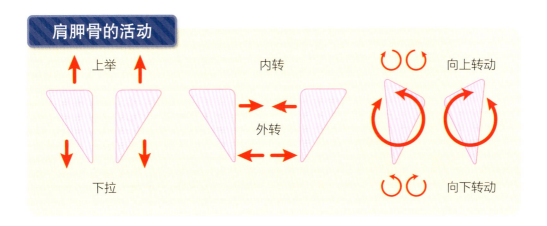

肩胛骨的活动

上举

下拉

内转

外转

向上转动

向下转动

弯举的动作，是在手臂向后摆动、肱二头肌伸展的状态下弯曲肘部，因此可以提高肱二头肌的贡献度。

器械卷臂是在手臂向前摆动的状态下弯曲肘部，因此作为单关节肌的上臂肌和肱桡肌的贡献度有所提高。

改变对肌肉的**刺激**

如果肌肉适应了同一种刺激，那么肌肉锻炼的效果就会有所下降

在本章中，虽然对选择标准以及各种肌肉锻炼项目的特征进行了解说，但并不意味着建议您把所有的锻炼项目都集中在某一个方法或项目上。

如果选择某一个项目持续进行锻炼，虽然能够获得一定的效果，但是这种效果并不一定持久。

对肌肉来说，如果长时间接受同一种刺激，就会逐渐习惯这种刺激，然后导致肌肉发育的速度钝化。而且从我们的心理来讲，长时间进行同一种锻炼，会从心理上产生厌倦，失去进行锻炼的热情。由此

我们认为，对肌肉进行多种项目的刺激是更有效的锻炼方式。

例如，如果您已经坚持了一段时间胸大肌的自由重量锻炼，那么建议您至少每月进行1次负荷更不容易流失的滑轮项目。或者可以在感觉到疲惫的日子，把最后一组锻炼改为器械项目，以此追求更加安全的刺激模式。

如果您每周进行2次胸大肌锻炼，则可以2次分别选择不同的项目来实施。如果您每周只进行1次胸大肌锻炼，那么可以不断挑战新的方式和项目，或者定期改变项目的组合方式以及实施顺序。就是这种小小的改变，也能有效刺激肌肉的发育，达到理想的锻炼效果。

以背阔肌的侧部为主进行的宽握引体向上项目。虽然同样以锻炼背阔肌侧部为主，但刺激性有别于器械项目和滑轮项目。

第 1 章

胸部的肌肉锻炼

在进行胸部锻炼的时候,要把胸大肌分为整体和上半部分分别进行锻炼。锻炼肌肉的项目种类有很多,请选择适合自己的项目吧。

胸大肌

大致分为胸推类和扩胸类动作，整体处于拉伸位，负荷较大

[胸大肌的项目基本以水平面手臂前伸为主，**在肩关节水平内转**的动作中加大负荷]

肩关节水平内转

胸大肌的主要动作

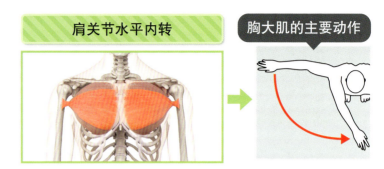

胸大肌的项目主要分为胸推类和扩胸类，整体上拉伸负荷较高，但短缩位的负荷容易下降。器械项目的扩胸和自由重量的哑铃飞鸟均属于扩胸类项目，但扩胸动作属于短缩位，负荷难以流失；哑铃飞鸟则属于负荷容易下降的类别。相对来说，哑铃飞鸟的拉伸效果和拉伸负荷都比较高。

项目一览及选择标准

胸大肌

种类	项目	运动量	负荷流失程度	拉伸部位负荷程度	拉伸效果	动作学习难度	可否在家锻炼
自重 宽臂俯卧撑	→ p.37	中	▲	较强	中	普通	可
器械 胸推	→ p.38	较大	▲	较强	较低	易	否
器械 扩胸	→ p.39	中	难以流失	中	中	易	否
滑轮 滑轮夹胸	→ p.40	较小	难以流失	中	较高	普通	否
滑轮 单手滑轮夹胸	→ p.40	较小	难以流失	中	较高	普通	否
自由重量 哑铃飞鸟	→ p.41	中	容易流失	强	高	较难	▲
自由重量 哑铃推举	→ p.42	较大	▲	较强	高	较难	▲
自由重量 卧推	→ p.44	较大	▲	较强	中	较难	否

注 1：哑铃飞鸟、哑铃推举的家庭锻炼方法请参考 p.52。
注 2：▲ = 介于二者之间。

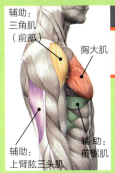

辅助：
三角肌
（前部）

胸大肌

辅助：
上臂肱三头肌

辅助：
前锯肌

胸大肌的项目 **1**

自 重

宽臂俯卧撑

扩大手的宽度，向胸大肌施加负荷的俯卧撑

通过扩大手的宽度，以胸大肌为主进行锻炼的自重训练。使用上撑推杆（Push up bar），可以在更大的活动区域内挑战。

1 手臂保持肩宽，形成俯卧撑的姿势。此时，全身保持一条直线的状态。

更容易

双膝配合动作

如果做这个项目比较吃力，可以用双膝配合动作进行，这样负荷能够有所下降。

2 挺起胸膛，一边聚拢肩胛骨一边弯曲肘部，使上半身下沉。然后再次挺直胳膊肘，抬起身体回到 **1** 的姿势。动作中保持全身笔直。

抬起身体时保持全身笔直。

要 点！

上半身下沉时要打开胸肌

打开胸肌使上半身下沉，从而使胸大肌得到拉伸。如果使用推杆，肩关节的水平内转动作可以让活动区域变大，因此，可以使胸大肌更大幅度地伸展。

37

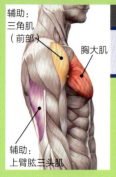

辅助：
三角肌
（前部）

胸大肌

辅助：
上臂肱三头肌

胸大肌的项目 2

器 械

胸推

手臂的活动轨道稳定，容易对胸大肌起作用

运动量和拉伸负荷都很高，容易达到使肌肉变发达的效果。即使是刚开始锻炼肌肉的人，也能通过这个项目安全且高负荷地实现胸大肌的锻炼。

1 抓住横杆外侧，挺胸。向后拉肘部，伸展胸大肌。这里的重点是要把横杆设置到即使抻拉手肘，负荷也不会减轻的位置。

2 挺胸，肩胛骨靠在一起，把横杆向前推。由于横杆的轨道已经固定，所以手臂可以顺畅地实现前摆动作（肩关节水平内转），直接让胸大肌发挥作用。

手握住横杆的外侧，给胸大肌的中心部位增加负荷。

保持肩胛骨靠在一起的状态，胸大肌的负荷就不会减轻。

要 点!

把座位的高度设定在手略低于肩部的位置

设置在这个位置，发力时就会主要发动胸大肌的力量，让手臂从侧面向正前方摆动。

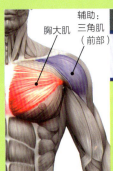

辅助：
三角肌
（前部）

胸大肌

扩胸

自始至终保证负荷，不断锻炼胸大肌

其优点是即使手臂处于闭合位置，也不能减轻负荷。向肌肉施加以化学性压力为中心的刺激，以促进肌肉发育。

1 　握住拉杆，挺起胸膛。肩胛骨靠在座椅靠背上，左右张开双臂，拉伸胸大肌。这里的重点是要把拉杆的位置设定在即使张开双臂，负荷也不会流失的高度。

2 　保持肘部轻微弯曲的状态，向内侧拉动左右拉杆。此时，如果肘部过度弯曲，有可能导致肩关节的活动范围变窄、胸大肌的负荷下降。因此，需要注意肘部角度。

将略微弯曲的胳膊肘向后拉，拉伸胸大肌。

保持略微弯曲的肘关节，合上左右的拉杆。

要　点！

保持 1~2 秒
双臂闭合的状态

如果保持 1 ~ 2 秒双臂闭合的状态，就能充分发挥该项目负荷始终如一的优点，进一步提高胸大肌的力量。

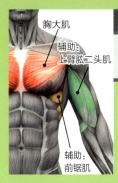

胸大肌

辅助：
上臂肱二头肌

辅助：
前锯肌

绳索夹胸

负荷不会流失，拉伸效果卓越

肩胛骨可以自由运动，肩关节可以在广泛的活动范围内进行活动。虽然应对的重量较轻，但这是一个保持稳定负荷，并将胸大肌逼入绝境的项目。

1 将缆绳的起点设置在较高的位置。握住把手，挺起胸膛，靠近肩胛骨，在轻轻弯曲肘部的状态下向后方拉胸大肌。重要的是，要站在即使肘部拉得很深，负荷也不会减轻的位置。

双脚前后分开，上半身向前倾斜。

2 保持肘部弯曲，双手向胸前合拢。保持 1~2 秒双手合拢的姿势，充分实现负荷不会流失的优势，挑战胸大肌的极限。

拓　展

单手绳索夹胸

与用双手同时进行锻炼的状况相比，可以扩大手臂挥动的范围，使胸大肌的收缩更加强烈，从而进一步挑战肌肉运动的极限。可以把另一只手放在胸前，确认胸部肌肉的收缩。

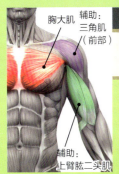

胸大肌
辅助：
三角肌
（前部）

辅助：
上臂肱二头肌

哑铃飞鸟

拉伸位负荷及拉伸效果俱佳的高性价比项目

在胸大肌拉伸的起始体态开始就进入高负荷状态。虽然存在负荷容易下降的缺点，但也能得到较高的拉伸效果。

1 手握哑铃仰面躺在长椅上。并拢肩胛骨，挺起胸膛，同时举起左右两侧的哑铃，在肩部上方停止。

错误

肘部过度弯曲

张开双臂时，如果肘部过度弯曲，动作就会趋同于胸推系列的动作。如果想有效地挑战肌肉极限，可以适当弯曲肘部，同时增加运动次数。

✕

3 在肩胛骨并拢的同时肘部轻微弯曲，双臂收回到 1 的体态。为避免左右哑铃的负荷下降，双手不要并拢。

2 在肩胛骨并拢的同时肘部轻微弯曲，双臂向两侧大张开，拉伸胸大肌。这种体位为拉伸体位。

打开胸部，双臂并拢。

打开胸部，双手尽量向两侧分开。

41

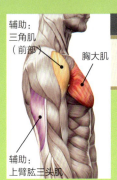

辅助:
三角肌
（前部）

胸大肌

辅助:
上臂肱三头肌

哑铃推举

活动范围广，可获得高效能的综合效果

体态较难，但是运动量大，同时具有良好的拉伸效果。由于在拉伸时负荷很强，因此既容易促进肌肉发育，也容易造成肌肉损伤。

1 手握哑铃仰面躺在长椅上。将肩胛骨并拢，挺起胸膛，将哑铃举至肩膀上方，排成一条横线。

缓慢地放下哑铃，停止在乳头或略低于乳头的位置（略靠近肚脐的位置）。

2 并拢肩胛骨，挺起胸膛，弯曲胳膊肘继续下沉，拉伸胸大肌。

要 点!

肘深尽量向下沉，拉伸胸大肌

该项目有别于杠铃项目。因为不存在横杠压迫到胸部的问题，所以要尽量让肘部下沉，使胸大肌的拉伸达到极致。

并拢肩胛骨，用力举起哑铃

只有保持肩胛骨聚拢的状态，才能确保施加在胸大肌上的负荷不会流失。如果打开肩胛骨，肩膀向前伸出，胸大肌部位的负荷会流失。

如果左右哑铃靠得太近，对胸大肌的负荷就会流失。所以进行动作的过程中要多加注意。

3 并拢肩胛骨，挺起胸膛，伸展肘部，举起哑铃，回到 1 的姿势。当哑铃到达肩部正上方时，负荷就会减轻，因此在哑铃即将抵达肩部正上方的时候就应该停下来。

并拢肩胛骨，挺直胸膛、打开肘部

将肩胛骨并拢在一起，打开腋下，使哑铃靠近乳头附近的位置。然后打开双肘，此时胸大肌会得到很好的拉伸。

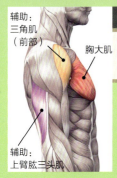

辅助：
三角肌
（前部）

胸大肌

辅助：
上臂肱三头肌

卧推

有代表性的胸大肌锻炼项目，通过高强重量挑战肌肉极限

虽然姿势稍难，但由于重量大，所以运动的体量也比较大。在挑战胸大肌的同时，也可以锻炼三角肌的前部和上臂肱三头肌。

1 仰卧在卧推用的长椅上，双手打开至肩宽的 1.5 倍左右，握住横杠。并拢肩胛骨，挺起胸膛，从架子上取下杠铃，准备开始。

横杠的位置不要靠近肩膀线条，而应该靠近乳头附近的位置。

2 并拢肩胛骨，挺起胸膛，弯曲肘部。缓慢地放下横杠，直到几乎接触到身体，用力拉伸胸大肌。

错误

臀部抬起

如果臀部从长椅上抬起，活动范围就会变小。虽然上举的重量较高，但请了解这并不是肌肉力量提高带来的结果。

×

让横杠的位置保持在小臂的延长线上

如果手腕外翻，横杠位置从小臂延长线偏离，很容易导致手腕受伤，请多加注意。

并拢肩胛骨，向上提升肩膀，抬起杠铃。

3 并拢肩胛骨，挺起胸膛，伸展胳膊肘，抬起杠铃。恢复到 1 的姿势。注意动作过程中不要抬起臀部。

让横杠下沉到乳头偏下一点的位置

如果将横杠下沉到乳头上方的位置，双臂会大大张开，导致肘部离身体太远。这样动作就会很不自然。如果让横杠下沉到乳头偏下一点的位置，则可以自然地锻炼胸大肌。

胸大肌（上部）

主要用于锻炼胸大肌的上部，向斜上方摆动上臂的动作

向斜上方水平内转的动作施加负荷，精确地训练胸大肌的上部

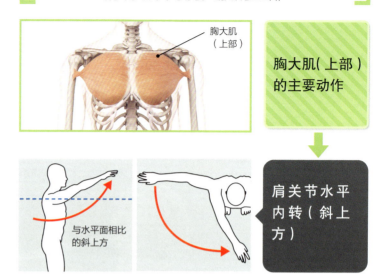

胸大肌（上部）

胸大肌（上部）的主要动作

与水平面相比的斜上方

肩关节水平内转（斜上方）

　　一般的胸大肌项目，通常对上部肌纤维的刺激较弱。因此，希望使胸大肌上部更加发达的人最好选择有针对性的项目。各种项目的评价内容均以胸大肌同系项目为参考标准，但由于进行下斜宽臂俯卧撑动作时，头部产生一定妨碍，这将导致活动范围难以扩大，拉伸效果流失。无论哪一个项目，上半身的设定角度越高，对三角肌前部的贡献度就越高。相反，上半身的角度越低，对胸大肌中部的贡献度就越低。总体来讲，最重要的是，设定上半身的角度时，充分考虑胸大肌上部是否会得到充分的拉伸以及收缩。

胸大肌（上部） 项目一览及选择标准

种类 ▼　项目 ▶		运动量	负荷流失程度	拉伸部位负荷程度	拉伸效果	动作学习难度	可否在家锻炼
自重 下斜宽臂俯卧撑	➡ p.47	中	▲	较弱	低	普通	可
器械 下斜式卧推	➡ p.48	中	▲	较强	中	较易	否
滑轮 滑轮夹胸（斜上方）	➡ p.49	较小	难以流失	中	较高	普通	否
自由重量 上斜哑铃推举	➡ p.50	中	▲	较强	高	较难	否

注：▲ = 介于二者之间。

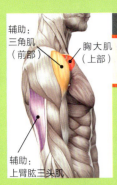

辅助:
三角肌
（前部）

胸大肌
（上部）

辅助:
上臂肱三头肌

自　重

下斜宽臂俯卧撑

抬高脚部，不断增加负荷，锻炼胸大肌上部

与通常的俯卧撑相比，其优点在于自重的负荷比较大，同时具有能够提高胸大肌上部的贡献度的特征。

1 　脚尖搭在椅子上，手与肩同宽，形成俯卧撑的姿势。此时保持全身笔直的状态。

头部低于脚尖，上半身处于前倾状态。

错误

臀部下沉

如果上半身下沉时臀部下降，上体就不会前倾。如果这样，锻炼过程对胸大肌上部无效。

2 　挺起胸膛，一边并拢肩胛骨，一边弯曲肘部，降低上半身。从这个位置再次伸展肘部，抬起身体，回到 1 的姿势。动作中始终保持全身笔直。推荐使用上推杆，因为这样头部不会碰到地板，从而使胸大肌上部得到更强的拉伸。

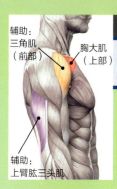

辅助：
三角肌
（前部）

胸大肌
（上部）

辅助：
上臂肱三头肌

胸大肌（上部）的项目 **2**

器　械

下斜式卧推

上半身后倾，有效锻炼胸大肌的卧推动作

可实现较高重量，可以在拉伸位上施加较强的负荷。但难点在于摩擦力导致偏心，从而流失负荷。

要　点!

横杠下沉到锁骨附近

让横杠下沉到锁骨附近，让胸大肌上部肌纤维的行进方向和运动方向保持一致。可通过前后调整座椅的方式设置横杆下降的位置。

1 将座椅靠背的角度调至 45°，双手打开至肩宽的 1.5 倍。并拢肩胛骨，挺起胸膛，从架子上取下横杠，直到轻轻接触到身体为止。史密斯训练器具备有防止横杠落下的制动装置，所以可以放心地尝试较高重量。

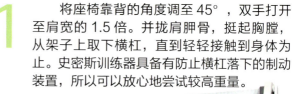

打开胸膛，举起横杠。

2 在肩胛骨并拢的状态下伸展肘部，抬起横杠，恢复到 **1** 的姿势。由于此时上半身处于向后倾斜的状态，所以举起横杠的时候，肩关节就会自然地向斜上方进行水平内转。

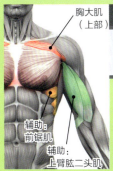

胸大肌
（上部）

辅助：
前锯肌

辅助：
上臂肱二头肌

绳索夹胸（斜上方）

保持负荷，挑战胸大肌上部

把绳索从下往上拉，让肩关节向斜上方进行水平内转。其优点是直到动作后半部分负荷都不会下降，同时具备良好的拉伸效果。

胸大肌上部得到拉伸。

1 绳索左右分开，起始点分别设置在较低的位置。握住把手，挺起胸部。一边并拢肩胛骨，一边轻微弯曲肘部向后用力，拉伸胸大肌的上部。左腿向前一步，伸到器械前方。这样可以保持起始位置时负荷不会流失。

2 向斜上方拉动滑轮，同时并拢双手，收缩胸大肌上部。如果在这个状态下停止 1 ~ 2 秒，可以强化负荷带来的拉伸力，挑战肌肉极限。

让胸大肌的上部收缩。

要 点！

双臂向斜上方并拢

肩关节向斜上方水平内转，双手并拢在下巴的高度。为了保持上半身稳定，身体可以稍微前倾，双腿前后打开。

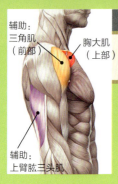

辅助:
三角肌
（前部）

胸大肌
（上部）

辅助:
上臂肱三头肌

胸大肌（上部）的项目 **4**

自由重量

上斜哑铃推举

一石二鸟地实现肌肉变发达和拉伸效果

利用史密斯训练器进行的推举动作，很难保持手臂活动轨道的稳定性。但与此同时，也正是由于活动范围扩大，才让胸大肌的上部得到更强的拉伸。

打开双臂，
弯曲肘关节。

1 把长椅的靠背角度设置在 45°。并拢肩胛骨，挺起胸膛，双手把哑铃举到肩膀上方。

2 保持肩胛骨并拢、胸部挺直的状态，弯曲肘部，打开双臂。让哑铃垂直下沉，拉伸胸大肌上部。

要 点!

让小臂垂直下落

打开双臂，让小臂垂直下落。由于此时上体向后倾，肘部垂直下拉会带动手臂向斜上方水平内转的动作。这将自然而然地对胸大肌上部施加负荷。

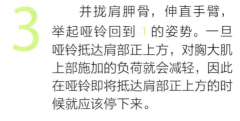

3　并拢肩胛骨，伸直手臂，举起哑铃回到 1 的姿势。一旦哑铃抵达肩部正上方，对胸大肌上部施加的负荷就会减轻，因此在哑铃即将抵达肩部正上方的时候就应该停下来。

打开胸膛，举起哑铃。

错误

上半身过度弯曲

如果上半身过度弯曲，腰部的位置会变高，那么上半身的角度接近水平。这样该动作就会与通常的哑铃推举相同，那么负荷将会从胸大肌的上部转移到胸大肌的中部。

如何在家锻炼自由重量推举

为了向下拉动肘关节，需要自行制作有足够高度的躺椅

如果不前往健身房，而是在家里进行锻炼，则需要自行购买哑铃、拉力带等小器具。但即便如此，可以进行的项目还是受到一定的限制。如果选用适当的家庭用品，亲手制作家用躺椅，就能进一步扩大在家锻炼的对应项目。我们所说的家用躺椅，是指利用家里的被、抱枕等物件来代替健身房里的专业躺椅。

只要保证仰卧时肘部后拉不会碰到地板，就可以像在健身房一样进行哑铃推举、哑铃飞鸟等项目。

把家用棉被、抱枕、枕头等卷起来，就可以替代健身房里的长椅。

重点在于确保后拉肘部的时候不会碰到地板。如果肘部不能完全打开，就不能实现理想的拉伸效果。

只要向后拉伸肘部的空间充分，就可以进行哑铃飞鸟等项目。

第 2 章

后背的
肌肉锻炼

针对背部的肌肉，可以通过背阔肌、斜方肌的划船类项目和下拉类项目进行锻炼。划船类项目可以让背阔肌更厚实，而下拉类项目则可以让背阔肌更宽阔。另外，可以只针对上背部的斜方肌进行锻炼。

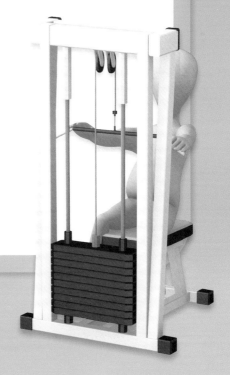

背阔肌、斜方肌①

划船类项目可综合性锻炼背阔肌以及斜方肌

对并拢左右肩胛骨的动作以及向后拉动肘部的动作施加负荷

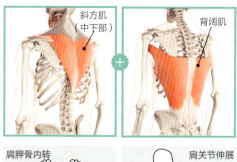

斜方肌（中下部）　背阔肌

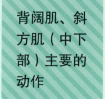

背阔肌、斜方肌（中下部）主要的动作

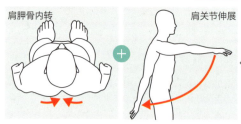

肩胛骨内转　肩关节伸展

肩关节伸展
＋
肩胛骨内转

　　相对而言，处于划船类项目的起始位置时，向背阔肌施加的负荷有下降趋势，而且拉伸效果也不突出。虽然拉伸负荷较弱，但坐姿划船的拉伸位负荷相对较高。

项目一览及选择标准

背阔肌、斜方肌（划船类项目）▼种类	▶项目	运动量	负荷流失程度	拉伸部位负荷程度	拉伸效果	动作学习难度	可否在家锻炼
自重 反向划船	➡ p.55	中	▲	中	低	普通	▲
拉力带 拉力带划船	➡ p.55	中	▲	弱	低	普通	可
器械 器械划船	➡ p.56	中	▲	中	低	易	否
滑轮 坐姿划船	➡ p.58	较大	难以流失	较强	低	普通	否
自由重量 单手划船	➡ p.59	中	容易流失	弱	低	普通	可
自由重量 俯身划船	➡ p.60	较大	容易流失	弱	低	难	否
自由重量 T字架划船	➡ p.61	较大	容易流失	弱	低	较难	否

注1：上表以"背阔肌"为对象进行评价。
注2：反向划船需要一张较高的桌子。
注3：▲＝介于二者之间。

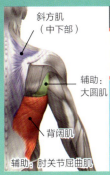

斜方肌
（中下部）

辅助：
大圆肌

背阔肌

辅助：肘关节屈曲肌

自　重

反向划船

使用桌子斜向垂钓，锻炼背部肌肉

利用自重锻炼背部肌肉的方法，负荷量较高。也可以利用较低的单杠实施。完成位置的时候负荷不会流失，但起始位置时负荷比较容易流失。

1

腿伸进桌子下面，双手打开至肩宽，抓住桌子边缘。把脚继续向桌子内侧伸展，使上半身的角度尽可能接近水平。

打开肩胛骨，伸展背阔肌。

2

并拢肩胛骨，同时弯曲肘部，提起上半身。这时候的重点是背部略微向后仰，不要抬起胸部，而是提高腹部靠近手的位置。

背向后仰，腹部靠近手的位置。

拓　展

拉力带划船

用拉力带进行的划船动作。身体前倾，并拢肩胛骨的同时向后拉动肘部。动作的具体要求请参阅俯身划船（→ p.60）。

55

斜方肌
（中下部）

背阔肌

辅助：肘关节屈曲肌

器械划船

以稳定的姿态挑战背阔肌和斜方肌

姿势的难度较低，可以在安全的条件下通过高负荷挑战肌肉极限。动作简单，能够清晰地感受到拉动肘关节和肩胛骨的活动。

1 保持上半身垂直的坐姿，前胸贴在靠垫上，伸展手臂，握住杠杆。手臂的拉动力让背阔肌得到了伸展。

打开肩胛骨，拉伸背阔肌。

错误

在起始位置时手臂弯曲

如果抵达身体的靠垫被设定在非常靠近器械的位置，那么在起始位置时，手臂就处于弯曲的状态，这将导致背阔肌无法得到良好的伸展。如果在起始位置时负荷有所流失，那么其后的肌肉锻炼效果也会差强人意。

要 点!

把靠垫设定在手臂可以伸直的位置上

尽量把靠垫设定在最远的地方，让拉杆远离身体，从起始位置就施加充分的负荷。然后依靠手腕的拉动力打开肩胛骨，拉伸背阔肌和斜方肌。

并拢肩胛骨，向后拉动肘关节。

上身不要后倾，肘关节的位置要在身体的后侧。

2　挺直后背，一边并拢肩胛骨，一边把注意力集中在肘关节，向后拉动拉杆。并拢肩胛骨的动作，可以让斜方肌的中下部活动起来，强化背阔肌的收缩。

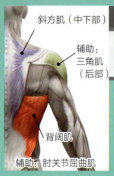

斜方肌（中下部）

辅助：三角肌（后部）

背阔肌

辅助：肘关节屈曲肌

绳索

坐姿划船

促进肌肉变发达的效果理想的综合性滑轮项目

负荷不易下降，可确保运动安全。运动量较大。起始位置时让上半身前倾，可以提高拉伸负荷。

1 　双手握住绳索，使上半身前倾。双膝轻轻弯曲，踩住踏板。从髋关节开始让上半身向前倾，增加肩关节的活动范围，使背阔肌处于拉伸位时的负荷不会轻易下降。

打开肩胛骨，拉伸背阔肌。

上半身后倾幅度控制在最小范围内。

2 　挺直后背，并拢肩胛骨。肘部拉到身体后方，让绳索靠近腹部。并拢肩胛骨可以让斜方肌的中下部得以运动，大力增强背阔肌的收缩效果。

错误

上半身向后倒

如果拉动绳索时上半身向后倒，负责带动手臂向后摆动的肩关节的拉伸活动区域就会变小，这将同时影响拉伸负荷以及运动量。

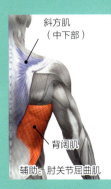

斜方肌
（中下部）

背阔肌

辅助：肘关节屈曲肌

单手划船

在家可能轻松锻炼背部肌肉的哑铃项目

虽然是自由重量项目，但姿态简单、动作安全。负荷容易下降，可以单手缓慢地进行锻炼。

错误

打开身体

向上提起哑铃的时候，如果打开身体，同时提升肩部，会缩小肘关节提拉活动的范围。这样就不能充分锻炼背阔肌。在大重量锻炼的时候，常见这种错误现象。

1 单手拿起哑铃，另一只手和同侧膝盖放在长椅上。上半身前倾至与地面水平的程度，保持身体稳定。

打开肩胛骨，拉伸背阔肌。

肘关节弯曲成为直角，提起哑铃。

2 挺直后背，并拢肩胛骨，提升肘关节，拉起哑铃。并拢肩胛骨可以让斜方肌的中下部得以运动，大力增强背阔肌的收缩效果。

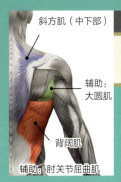

斜方肌（中下部）

辅助：大圆肌

背阔肌

辅助：肘关节屈曲肌

俯身划船

利用杠铃，高强度挑战背阔肌和斜方肌

运动量较大，但负荷却容易流失，因此难度较大。习惯以后可以增加运动重量级，但请留意防止腰部受损。

如果不挺直后背，会给腰部增加不必要的负担。请多加留意。

1 双手打开，略宽于肩，提起杠铃，轻轻弯曲膝关节，挺直后背。上半身前倾的范围为60°~90°。前倾角度越大，使用重量会越小，但活动范围扩大的同时也能增肌拉伸负荷、提高运动量。

错误

上半身过于挺直

如果膝盖过度弯曲，而上半身过于挺直，那么拉动肘关节的动作会变小，导致背阔肌的负荷下降。

T 字架划船

向上拉起 T 字架的
器械运动项目。动
作与俯身划船类
似。手臂的活动轨
迹稳定,用于锻炼
背阔肌和斜方肌。

使横杠不断靠近自己的腹部。

错误

把横杠拉到自己的
胸部

如果横杠被提升到了胸部
位置,那么动作会更多地
运用到手臂的提拉力量。
从而导致背阔肌和斜方肌
无法施展能力。

2 挺直后背,并拢肩
胛骨,提升肘关节,让
杠铃接近自己的腹部。
并拢肩胛骨可以让斜方
肌的中下部得以运动,
大力增强背阔肌的收缩
效果。

背阔肌、斜方肌 ②

与划船类项目相比，下拉类项目的负荷难以下降，同时具有更强的拉伸位负荷

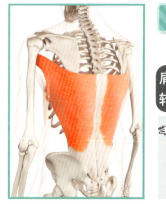

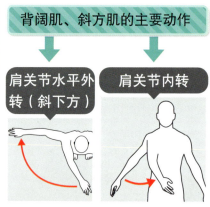

背阔肌、斜方肌的主要动作

肩关节水平外转（斜下方）　　肩关节内转

并拢肩胛骨，张开大臂，向斜下方拉动肘部。这种下拉类的项目，是处于摆动手臂的肩关节内转运动和在水平面上向后方伸展（张开）手臂的肩关节水平外转运动之间的姿势。与划船类项目相比，斜向下拉肘部的下拉类项目的负荷不容易流失，伸展位的负荷也比较强。

但是，如果在起始位置上完全把手臂伸展开，那么负荷几乎会全部消失。另外，导致肩膀疼痛的风险也会增加，所以要充分注意。在下拉肘部的同时并拢肩胛骨，这两个联动动作可以有效地给斜方肌的中下部施加负荷。

p.67 中简要地介绍了反握引体向上（Under grip chinning）项目，但由于不是以背阔肌侧面为目标的项目，所以未出现在项目一览表中。

项目一览及选择标准

背阔肌、斜方肌（下拉类项目） ▶项目 ▼种类		运动量	负荷流失程度	拉伸部位负荷程度	拉伸效果	动作学习难度	可否在家锻炼
拉力带 拉力带下拉	➡ p.63	中	难以流失	弱	较高	普通	可
器械 器械下拉	➡ p.64	中	难以流失	中	低	较易	否
滑轮 背部下拉	➡ p.65	较大	▲	较强	低	普通	否
自由重量 宽握引体向上	➡ p.66	较大	▲	较强	低	较难	否

注：▲=介于二者之间。

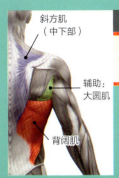

斜方肌
（中下部）

辅助：
大圆肌

背阔肌

拉力带下拉

在家里也可以对背阔肌侧面进行锻炼的拉力带项目

虽然难以施加高负荷，但只要缩短拉力带的长度就能提高负荷水平。同时，这种操作还能保持起始位置的负荷，增进拉伸效果。

让拉伸开的拉力带靠在锁骨的位置上。

1

双手与肩同宽，握紧拉力带，举到头顶上方。肘部轻轻弯曲，向上提拉后背，挺直胸膛。

从起始位置开始，拉力带的长度就保持在有负荷的水平。

2

挺胸，并拢肩胛骨。双手向侧下方摆动，拉长拉力带。最后以身体为支点，把拉力带拉至最长。

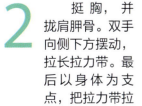

要点！

以弧形轨道拉伸拉力带

肘部轻轻弯曲，双手沿着弧形轨道拉伸拉力带。利用肩关节的动作向侧面打开双臂，促进背阔肌的侧面肌肉收缩。

63

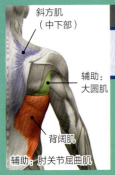

斜方肌
（中下部）

辅助：
大圆肌

背阔肌

辅助：肘关节屈曲肌

器械下拉

手臂运动轨道稳定，高效作用于背阔肌侧面肌群

姿态的难度较低，可以在安全的状态下挑战高负荷锻炼的极限。
如果能在起始位置设定好负荷，那么就能始终保持同水平负荷量。

错误

后背弯曲

如果向下拉横杠的时候背部弯曲，就无法促进背阔肌的运动。

✗

在开始之前，就把横杠的位置设定在有负荷的高度（有些机种也可以调整座椅高度）。

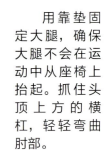

1 用靠垫固定大腿，确保大腿不会在运动中从座椅上抬起。抓住头顶上方的横杠，轻轻弯曲肘部。

一边并拢肩胛骨，一边向下拉肘关节。

2 挺胸，并拢肩胛骨。弯曲肘部，向下拉横杠。感受背部肌肉被挤压，上半身微微后倾，通过肩关节的动作拉动横杠。

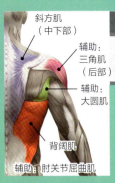

斜方肌
（中下部）

辅助：
三角肌
（后部）

辅助：
大圆肌

背阔肌

辅助：肘关节屈曲肌

背阔肌、斜方肌（下拉类）的项目 ③

绳　索

背部下拉

促进肌肉变发达的综合性下拉项目

拉伸效果较低，但是运动量拉伸负荷较大。可以挑战大重量级，只要在开始的时候不脱力，负荷就会始终如一。

第

2

章

后背的肌肉锻炼

错误

把横杠推向身体的反方向

把横杠推向身体的反方向时，施加负荷的方向就会偏离背阔肌的发力方向。

1

用靠垫固定大腿，确保大腿不会在运动中从座椅上抬起。分开双手，宽度是肩宽的 1.5 倍，握住横杠，轻轻弯曲肘部。

利用杠铃片调整横杠高度，位于伸手可以够到的位置即可。

横杠下降至锁骨附近。

向下拉横杠的时候，感受到背部肌肉被挤压，上半身微微后倾。

2 挺胸，并拢肩胛骨。弯曲肘部，向下拉横杠。感受背部肌肉被挤压，上半身微微后倾。但是上半身也不可倾斜过度。

65

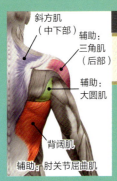

斜方肌
（中下部）辅助：
三角肌
（后部）
辅助：
大圆肌
背阔肌
辅助：肘关节屈曲肌

背阔肌、斜方肌（下拉类）的项目 4

宽握引体向上

拉开双手距离，用悬垂的方式给背阔肌侧面施加高负荷

具有代表性的倒三角背阔肌锻炼项目，可以在较高的单杠上进行锻炼。负荷较高，运动量较大，可以同时锻炼肩部和大臂的肌肉群。

力量集中在延伸到腋下附近的背阔肌侧面。

因为负荷较高，所以虽然是自重负荷，仍被分类为自由重量类。

1

双手分开，宽度为肩宽的 1.5 倍，握住头顶上方的横杠，使身体腾空。轻轻弯曲肘部，弯曲膝盖，以便身体更容易后倾。

错误

背部弯曲

引体向上时背部弯曲，会缩小肩关节的活动范围，导致背阔肌无法得到充分的锻炼。

挤压背部肌肉，并拢肩胛骨

挤压背部肌肉，并拢肩胛骨，让背阔肌尽力收缩。如果背部弯曲或耸肩，那么肩胛骨就不能并拢到一起，导致背阔肌无法得到充分的锻炼。这一点需要格外注意。

2 挺胸，并拢肩胛骨，弯曲肘部，引体向上。此时注意不要耸肩。

引体向上至面部与横杠同高即可。如果一味追求下巴高于横杠，容易让动作失去平衡。

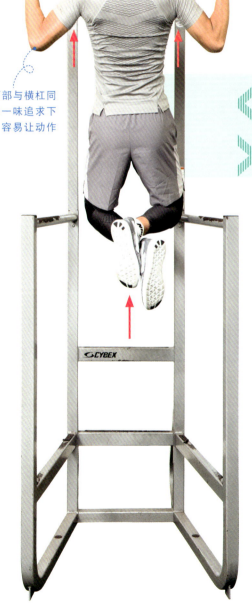

反握引体向上

身体大幅度后仰，让身体前面靠近横杠的引体向上项目。此时手的位置应该更接近腹部，而不是胸部。

斜方肌（上部）

以斜方肌的上部为中心进行锻炼的耸肩类项目，与对斜方肌、三角肌进行综合锻炼的上提类项目

向肩胛骨向上提起的动作以及向内转动的动作施加负荷

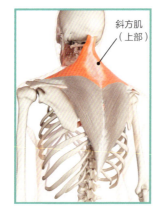

斜方肌（上部）

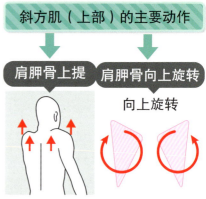

斜方肌（上部）的主要动作

肩胛骨上提 | 肩胛骨向上旋转

向上旋转

针对斜方肌的项目主要分为耸肩类与上提类。耸肩类项目只能针对斜方肌的上部产生作用，而上提类项目则可同时动员到斜方肌的中下部，而且运动也更大一些。另外，上提类项目比耸肩类项目的活动范围更大，因此对斜方肌施加的负荷相对持久而均匀。

耸肩类项目，具有负荷容易流失的弱点。起始位置的最低点应该尽可能低于肩膀的高度，这样能抑制肩胛骨的动作，提高对斜方肌上部的拉伸效果。

项目一览及选择标准

斜方肌（上部）

▼种类 \ ▶项目		运动量	负荷流失程度	拉伸部位负荷程度	拉伸效果	动作学习难度	可否在家锻炼
拉力带 拉力带上提	➡ p.69	中	难以流失	弱	较低	普通	可
滑轮 滑轮上提	➡ p.69	中	难以流失	较强	中	普通	否
器械 史密斯杠铃耸肩	➡ p.70	较小	▲	较强	较高	较易	否
自由重量 哑铃侧平举	➡ p.71	中	难以流失	较强	中	普通	可
自由重量 哑铃耸肩	➡ p.72	较小	▲	较强	较高	较易	可

注：▲ = 介于二者之间。

斜方肌

辅助：前锯肌

三角肌（中后部）

斜方肌（上部）的项目 **1**

拉力带

拉力带上提

以斜方肌为中心，在家中锻炼背部肌肉的方法

拉伸负荷与拉伸效果较低，但在家中也能简单操作。缩短拉力带的长度，不要丢失负荷，由始至终挑战肌肉极限。

1 握紧拉力带的两端，两脚踩住中心部分。挺直后背。左右手的间隔与左右拉力带的位置保持平直。

从一开始，就让拉力带保持带有负荷的状态。

耸肩，胳膊肘往两侧高高地抬起。

拓 展

滑轮上提

利用滑轮机进行的上提项目。滑轮的位置设定在最低点，然后向上提起横杠。也有同时装配两根绳索的高负重方式。

2 耸肩，一边弯曲双肘，一边向两侧高高抬起。双肘向侧面抬起时，肩胛骨发生联动的旋转运动（向上方旋转）。在这个项目中，需要一边对肩胛骨向上旋转的运动施加负荷，一边抬起肩胛骨，这样可以拓展斜方肌锻炼的可动范围。

69

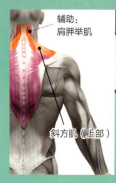

辅助：
肩胛举肌

斜方肌（上部）

史密斯杠铃耸肩

在安全状态下追求高配重的极限

拉伸负荷强，拉伸效果佳，而且动作简单。虽然完全依靠自身力量，但也可以在起始位置享受超级重量级的乐趣。

1 挺直后背，双手略比肩宽，握住横杠，取下杠铃。杠铃的重量会迫使肩部下垂，这正好可以扩大肩胛骨的活动范围。

耸起肩膀。

杠铃的重量会迫使肩部下垂，强烈拉伸颈部和肩部的肌肉。

2 通过耸肩的动作向上提拉杠铃。肩膀向上提升，会让肩胛骨也向上移动，然后发动斜方肌的上部肌肉。在横杠上设定好防跌落互锁，可以安安心心地挑战更高的重量级别。

拓　展

弯曲肘部的同时耸肩

在弯曲肘部的同时抬起肩膀，不仅能让肩胛骨上升，也能实现肩胛骨向内旋转（上方旋转）的目的。因为在肩胛骨向上旋转时，斜方肌也起到作用，因此可以利用弯曲肘部的形式实现耸肩的姿势。

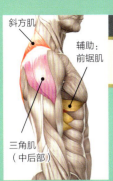

斜方肌

辅助：前锯肌

三角肌
（中后部）

哑铃侧平举

与耸肩动作相比，可以在更宽阔的活动范围内锻炼斜方肌

发动斜方肌的中部和下部及三角肌，运动量很高。开始的时候可以使用短而松缓的拉力带，然后慢慢增强拉伸负荷。

1 双手握紧哑铃，在骨盆前并成一条直线。挺直后背，轻轻弯曲肘部。不要让哑铃贴在身体上。

感受哑铃重量，让肩胛骨自然下垂。

左右哑铃保持在同一高度，同时向上提起。

2 耸肩，弯曲肘部的同时向侧面提高。肘部向侧面提高，肩胛骨会联动进行旋转运动（向上旋转）。如果采用拉力带来进行该动作，也同样需要提高肩胛骨，完成向上旋转的动作。

要　点！

意识到肩胛骨提高及向上旋转的动作

伴随肘部向上摆动的动作，肩胛骨的旋转运动（向上旋转）及耸肩带来的肩胛骨提高的动作会同时发生。

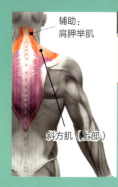

辅助:
肩胛举肌

斜方肌(上部)

哑铃耸肩

以斜方肌上部为重点进行锻炼的单关节肌项目

与杠铃耸肩的动作不同,现在需要把杠铃提升到身体的侧面,让负荷方向与肩胛骨上升的方向保持一致。该动作可以减轻腰部负担。

1 握紧哑铃,上臂自然下垂,挺直后背,用身体侧面支撑哑铃。此时,哑铃重量使肩胛骨自然下垂,因此肩胛骨的活动范围将变大。

头部后倾,收缩颈部后侧肌肉。

可以微微弯曲肘部,提升哑铃。

哑铃重量使肩胛骨自然下垂。拉伸位于脖颈处的斜方肌上部。

2 通过耸肩的动作向上提拉杠铃。肩膀向上提升,会让肩胛骨也向上移动,然后发动斜方肌的上部肌肉。不慎掉落哑铃,会产生很大危险。所以在挑战大重量级别时,请使用史密斯训练器。

要 点!

稍微向上

斜方肌的上部连着后头部的骨骼,因此提升肩部的同时让头部后倾,能让位于颈部后侧的斜方肌(上部)得到更强的收缩力。

肩膀和手腕
的肌肉锻炼

在对肩部肌肉进行锻炼时，要分别对三角肌的前部、中部、后部进行锻炼。对手臂肌肉进行锻炼时，要分别对上臂前侧的上臂肱二头肌和上壁后侧的上臂肱三头肌进行锻炼。另外，还要对前臂的肌群进行锻炼。

三角肌①（前部、中部、后部）

平举类项目的弱点在于负荷较弱，这也是哑铃类项目的难点。

但是可以利用滑轮类项目等进行克服

三角肌（前部、中部、后部）的主要动作

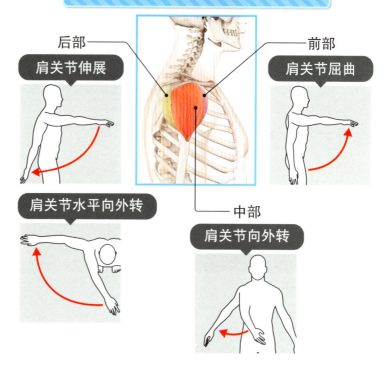

后部 —— 肩关节伸展

前部 —— 肩关节屈曲

肩关节水平向外转

中部

肩关节向外转

> **三角肌的前部负责让手臂向前方伸展、提举，给肩关节屈曲的动作带来负荷**

　　整体来讲，前平举的动作从手臂自然下垂的姿态开始，因此负荷容易下降，而且拉伸负荷也比较弱。但滑轮前平举类项目，能从起始姿态开始就让身体产生负荷，与其他项目相比更能保持负荷强度。另外，滑轮的作用力方向为斜向，因此当手臂向身体侧面拉伸时，也将承受较大负荷。

项目一览及选择标准

三角肌（前部）（前平举类项目）

▼种类	▶项目	运动量	负荷流失程度	拉伸部位负荷程度	拉伸效果	动作学习难度	可否在家锻炼
拉力带 拉力带前平举	➡ p.77	小	容易流失	弱	低	普通	可
滑轮 滑轮前平举	➡ p.77	小	▲	中	低	普通	否
自由重量 哑铃前平举	➡ p.76	小	容易流失	弱	低	普通	可

注：▲ = 介于二者之间。

三角肌的中部负责让手臂向侧面伸展、提举，给肩关节向外转的动作带来负荷

与前平举类项目相同，侧平举类项目也同样存在手臂下垂起始位的负荷容易下降、拉伸负荷比较弱的问题。但是滑轮侧平举类项目，可以让手臂从起始姿态开始产生负荷，同时增强拉伸负荷。

项目一览及选择标准

三角肌（中部） （侧平举类项目） ▼种类	▶项目	运动量	负荷流失程度	拉伸部位负荷程度	拉伸效果	动作学习难度	可否在家锻炼
拉力带 拉力带侧平举	➡ p.79	小	容易流失	弱	低	普通	可
滑轮 滑轮侧平举	➡ p.79	小	▲	中	低	普通	否
自由重量 哑铃侧平举	➡ p.78	小	容易流失	弱	低	较难	可

注：▲ = 介于二者之间。

三角肌的后部负责让手臂向后伸展、提举，给肩关节水平向外转的动作带来负荷

后平举类项目也同样存在手臂下垂起始位的负荷容易下降、拉伸负荷比较弱的问题。但是器械、滑轮等项目可有效改善这些弱点。不要依赖肩胛骨，利用肩关节自身的动作让手臂向后伸展，这样才能让负荷集中在三角肌后部，而避免使用阔背肌的力量。

项目一览及选择标准

三角肌（后部） （后平举类项目） ▼种类	▶项目	运动量	负荷流失程度	拉伸部位负荷程度	拉伸效果	动作学习难度	可否在家锻炼
拉力带 拉力带后举	➡ p.81	小	▲	弱	低	普通	可
滑轮 后肩飞鸟	➡ p.81	小	难以流失	中	中	易	否
自由重量 滑轮后举	➡ p.81	小	▲	强	较高	普通	否
滑轮 哑铃后举	➡ p.80	小	容易流失	弱	低	较难	可
自由重量 哑铃侧平举	➡ p.80	小	▲	强	较高	普通	可

注：▲ = 介于二者之间。

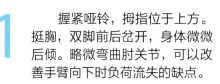

前平举类项目

手臂向前方伸展、提举，锻炼三角肌前部

手臂向前方伸展，给肩关节屈曲的动作增加负荷。虽然动作相同，但哑铃、拉力带、滑轮类项目各有利弊。

辅助：
斜方肌
（下部）

三角肌
（前部）

辅助：
前锯肌

1 哑铃前平举

利用哑铃进行的前平举基本锻炼。三角肌前部可以得到拉伸，但是起始动作时手臂下垂，有负荷容易下降的缺点。

拓 展

杠铃盘前平举

手持杠铃盘进行的前平举动作，可以同时锻炼双臂肌肉。

1 握紧哑铃，拇指位于上方。挺胸，双脚前后岔开，身体微微后倾。略微弯曲肘关节，可以改善手臂向下时负荷流失的缺点。

2 手臂向前方举起，哑铃提升至与头部同高。为防止负荷下降，建议平举时拇指保持向上。

身体后倾时，即使手臂下降，负荷也不会流失。

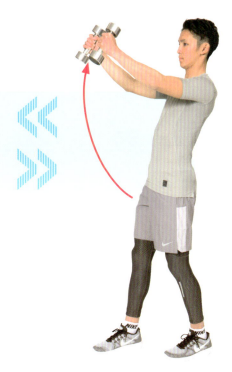

2 拉力带前平举

使用拉力带即可轻松完成的前平举锻炼。手臂下垂时拉力带短而松缓，具有负荷容易下降的缺点。

1

双手拉紧拉力带的两端，双脚踩住拉力带中间部位，然后拇指朝上。

2

伸直肘关节，手臂向上提拉至略向上倾斜的高度。

3 绳索前平举

利用绳索器械进行的前平举锻炼。可动区域较大，负荷不容易下降。拉伸位也具备较强负荷，可以同时锻炼斜方肌的下部。

1

把绳索降到最低位置，拉紧手环。手臂向前方提升，略微弯曲肘部。

2

保持肘部略微弯曲的状态。手臂向上提拉绳索，至与头部同高。

拓展

单手绳索前平举

单手绳索前平举，让力量集中在单侧的三角肌前部。用另一只手感受肌肉的收缩，持续进行锻炼。

挑战极限！另一只手扶在手肘后方，发挥最后一点力量。

77

辅助：
斜方肌

三角肌
（中部）

辅助：
前锯肌

辅助：棘上肌

自由重量　绳索　拉力带

侧平举类项目

手臂向侧方伸展、提举，锻炼三角肌中部

手臂向侧方伸展，给肩关节向外转的动作增加负荷。虽然动作相同，但哑铃、拉力带、滑轮类项目各有利弊。

1 哑铃侧平举

利用哑铃进行的侧平举基本锻炼。三角肌中部可以得到拉伸，但是起始动作时手臂下垂，有负荷容易下降的缺点。

错误

肘部弯曲

拉伸哑铃的时候如果肘部弯曲，则会导致负荷下降的现象。但在挑战极限的时候，这个流失负荷动作则是有效的。

1 手持哑铃，挺直腰背。手背朝外。

2 手臂向侧面提拉，哑铃高度与头部同高。手臂向侧面平举的动作，可以强化三角肌中部。

从小指侧向上提升。

为防止负荷下降，哑铃不要贴到身体上。

78

2 拉力带侧平举

使用拉力带即可轻松完成的侧平举锻炼。手臂下垂时拉力带短而松缓，具有负荷容易下降的缺点。

1 双手拉紧拉力带的两端，双脚踩住拉力带中间部位。手背朝外。

2 伸直肘关节，手臂向外侧提拉至略向上倾斜的高度。

3 绳索侧平举

利用绳索器械进行的单手侧平举锻炼。可动区域较大，负荷不容易下降，拉伸位也具备较强负荷。

1 把绳索降到最低位置，单手拉紧手环。手臂向身体另一侧摆动，带着负荷提拉到三角肌的后部。

2 保持肘部伸直的状态，绳索提拉至与头部同高。如果身体晃动，可以略微张开双腿以保持平衡。

拓 展

曲肘绳索侧平举

挑战极限，释放最后一点力量。一边提拉绳索，一边弯曲肘部，让负荷流失。

后举类项目

打开肘关节，手臂向后摆动，锻炼三角肌后侧

打开双臂，手臂向后方摆动，锻炼三角肌后侧肩膀的动作可以带动手臂向后方摆动，给肩关节水平向外转的动作施加负荷。哑铃、拉力带、器械、滑轮的项目各有所长。

1

握紧哑铃，挺直后背，膝盖微微弯曲，上半身向前倾斜60°。下垂的手臂略微弯曲，手背朝外。

1 哑铃后举

运用哑铃进行的基本后举动作。起始动作为拉伸三角肌后部，让手臂下垂，这时候负荷会下降。

2

打开手臂，手臂向小手指的方向提升，把哑铃提拉至与肩同高。不要并拢肩胛骨，只发动肩关节的动作，把负荷施加在三角肌后部。

1 侧卧，单手握紧哑铃。手臂伸展到肩膀正前方，提起哑铃。另一只手扶在地板上保持平衡。

2 保持肘关节平直，手臂向上摆动。不要并拢肩胛骨，把手臂提升到60°的高度即可。

拓 展

哑铃侧平举

侧卧状态下进行的侧平举锻炼。可以保持住起始位置的负荷水平，因此拉伸负荷和拉伸效果俱佳。

注：也可以侧卧在长椅上进行锻炼。

2 拉力带后举

利用拉力带就能进行的后举项目。其弱点是起始位置时拉力带比较松缓、负荷较低。

1 手持拉力带两端，脚踏拉力带中间位置。挺直后背，弯曲膝盖，上半身向前倾斜，手背朝外。

2 打开双臂，手臂向小指方向摆动，提升至与肩同宽。不要并拢肩胛骨，仅依靠肩关节的动作完成本项目。

3 后肩飞鸟

利用肩关节水平外转的动作，让手臂向后摆动的器械项目。负荷可以始终保持如一，伸展位的负荷相对较强，是非常优秀的运动项目。

1 把横杠的高度设定在与肩同高的位置。握紧横杠，肘部微微弯曲。

2 不要并拢肩胛骨，手臂向后摆动。发挥负荷不会轻易流失的优势，缓慢地完成动作。让力量充分地在肌肉上施加作用。

4 绳索后举

利用绳索器械进行的后举项目。拉伸负荷较强，拉伸效果卓越。可以单手进行，交替拉动左右绳索。

1 把绳索的起点设定在最低点，准备好后举的姿态。手臂尽量向相反方向摆动，带着负荷向后拉伸三角肌。

2 打开手臂，向小指方向提升手臂。不要并拢肩胛骨，把绳索提拉至略高于肩膀的位置。集中锻炼三角肌后部。

三角肌②（前中部）

主要用于锻炼三角肌前侧的肩推类项目。运动量较大，负荷不会轻易流失。

以手臂向侧面摆动的肩关节外转动作为中心，对向**头顶上提升**的动作施加负荷。综合性锻炼三角肌和斜方肌。

三角肌（前中部）的主要动作

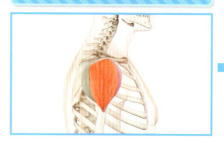

肩关节外转（包含略微屈曲）

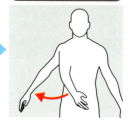

肩推类项目，主要针对三角肌的前中部发挥作用。斜方肌、前锯肌、上臂肱三头肌等，均可对向上提升手臂的动作发挥力量，因此可以同时进行锻炼。无论哪个项目，都在起始位置时满带负荷。而且即使在动作最低点，肘部也不会下降很多，所以拉伸负荷和拉伸效果都不够突出。当身体抵达结束动作的最高位置时，存在负荷流失的倾向，但拉力带和滑轮项目则能有效避免这一点。

三角肌（前中部）　项目一览及选择标准

▼种类　　▶项目		运动量	负荷流失程度	拉伸部位负荷程度	拉伸效果	动作学习难度	可否在家锻炼
拉力带 拉力带肩推	➡ p.83	中	难以流失	弱	低	较易	可
滑轮 滑轮肩推	➡ p.83	中	难以流失	较弱	中	较易	否
器械 器械肩推	➡ p.84	较大	▲	较弱	低	易	否
自由重量 哑铃肩推	➡ p.85	较大	▲	较弱	中	普通	可
自由重量 杠铃后推	➡ p.86	较大	▲	较弱	低	普通	否
自由重量 杠铃前推举	➡ p.87	较大	▲	较弱	低	普通	否

注：▲ = 介于二者之间。

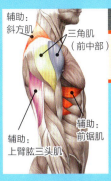

辅助：
斜方肌

三角肌
（前中部）

辅助：
前锯肌

辅助：
上臂肱三头肌

拉力带肩推

给拉伸拉力带的动作施加负荷

动作简单。如果使用 2 米长的拉力带，就可双手同时进行锻炼。虽然无法实现高负荷，但是起始位置和结束位置均可保持稳定的负荷水平。

如果左右手间隔变小，拉力带负荷就会变小。所以左右手不要靠近。

拉力带穿过小指侧，绕到手臂后方。

2 伸直手臂，把拉力带拉伸到头顶上方。此时如果肩膀紧缩，就会增加斜方肌的参与度。所以动作过程中，应当保持左右手间隔不要变小。

1 握紧拉力带的两端，踩住拉力带的中心部位。双臂向侧面打开，弯曲双肘，提升至略低于肩高的位置。有可能会导致肩膀疼痛，所以双肘位置不能过低。

拓 展

滑轮肩推

利用滑轮机进行的肩推项目。把滑轮的起点设定在最低点，单手向上提拉滑轮。动作要点与拉力带的动作要点相同。标尺滑轮起点位于手肘外侧，这样能保持稳定的负荷水平。

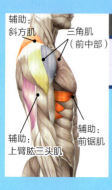

辅助：
斜方肌

三角肌
（前中部）

辅助：
上臂肱三头肌

辅助：
前锯肌

三角肌（前中部）的项目 **2**

器　械

器械肩推

以稳定的姿势进行安全而高效的锻炼

后背抵靠在靠垫上，上半身得以固定。同时手臂活动轨迹稳定，姿态简单。即使挑战较大重量级别，也不会给腰部造成过度负担，可以安全地进行锻炼。

错误

没有完全坐到椅子后面

如果臀部只坐在椅子前半部，势必造成上半身后倾、负荷集中在胸大肌上的问题。另外，腰部过度后弯，是造成腰部疼痛的原因之一，请多加注意。

把座椅的高度设定在即使肘部下沉、负荷也不会下降的位置上。

坐进椅子深处，腰部不要后倾，向上推动手柄。

1 坐进椅子深处，握紧两边手柄。肘部位置略低于肩部高度。

2 伸直肘关节，把手柄推到头顶上方。把手柄推到高处的过程中，负荷不会下降，所以可以缓慢地推送到直到肘关节马上就要伸直为止。让肩关节在活动范围内尽可能舒展。

84

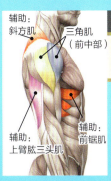

辅助：斜方肌
三角肌（前中部）
辅助：前锯肌
辅助：上臂肱三头肌

哑铃肩推

在宽阔的活动范围内锻炼三角肌的哑铃项目

虽然姿态略有不稳，但手臂活动轨迹受限，造成肩膀疼痛的风险很低。肩关节可以在更大的活动范围内活动，运动量比较大。

错误

后背向后弯曲

提升哑铃的时候，需要挺起胸膛。但如果此时后背向后弯曲，那么负荷就会集中在胸大肌上，有可能造成腰痛。

1 坐在长椅上，双手握紧哑铃。双臂向侧面打开，肘关节略微弯曲、下沉到略低于肩部的位置。

肘关节在身体的侧面向下移动。

像画弧一样，提起左右的哑铃，使其彼此靠近。

2 伸直肘关节，把哑铃举到头顶上方。手臂沿弧线轨迹活动，随着手臂间距不断缩小，肘关节逐渐伸直，让肩关节在宽阔的范围内活动。

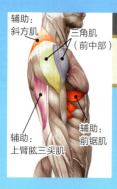

辅助：
斜方肌
三角肌
（前中部）

辅助：
上臂肱三头肌
辅助：
前锯肌

杠铃后推

运动量较大的杠铃推举项目

杠铃类项目的重量级别要远远高于哑铃类项目，但是活动范围略微狭窄。在颈部后方进行推举，以三角肌的前中部为中心进行锻炼。

让横杠下降到耳朵的高度。

1 坐在长椅上，握紧杠铃，放在颈部后方。手部活动的幅度控制在小臂垂直于地面即可。横杠的位置保持在耳朵的高度。虽然可以站立进行本项目，但是坐在长椅上能让上半身更加稳定。

要 点!

挺直上半身，
举起杠铃

上半身不要向后倾斜，以挺立的姿势把杠铃举到头顶上方，把负荷集中在三角肌的前中部。

拓展

杠铃前推举

从身体前方推举杠铃，锻炼三角肌的前中部与前锯肌。手部幅度小于杠铃后举的动作，轻轻挺胸就能举到头顶上方。

使用有靠背的长椅可以有效提高安全性。

错误

后背弯曲

向上推举的时候如果后背向后弯曲，很容易造成腰痛。特别在进行大重量级运动的时候，尤其要注意不要向后侧弯曲后背。

2 伸直肘关节，把杠铃举到头顶上方。上半身保持挺直，肘关节伸展到即将完全平直。如果使用有靠背的长椅（详见 p.50 使用的长椅），可以把靠背设定得高一些，这样能让身体更加稳定。

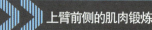

给弯曲肘关节动作施加负荷

上臂肱二头肌

弯举类项目可以促动肩关节和小臂内外转动的动作，通过改变运动角度，可以调整目标肌肉群

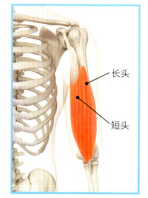

长头

短头

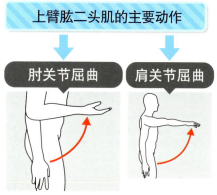

上臂肱二头肌的主要动作

肘关节屈曲 | 肩关节屈曲

拉力带弯曲和器械弯举的项目，虽然从肘关节伸直的姿态开始运动，但是负荷并不会有所下降。拉伸负荷全程保持中等水平。在手臂向后方摆动、上臂肱二头肌得以伸展时，哑铃斜托弯举项目的拉伸负荷会有所增加，拉伸效果也比较好。进行弯举类锻炼时，双关节肌的大臂肌和单关节肌的臂桡骨肌之间的运动平衡会有所变化，可以用心留意。

项目一览及选择标准

上臂肱二头肌 ▼种类	▶项目	运动量	负荷流失程度	拉伸部位负荷程度	拉伸效果	动作学习难度	可否在家锻炼
拉力带 拉力带弯举	➡ p.89	小	难以流失	弱	低	较易	可
器械 器械弯举	➡ p.90	小	难以流失	中	低	易	否
滑轮 滑轮弯举	➡ p.89	小	▲	中	低	较易	否
自由重量 集中弯举	➡ p.91	小	难以流失	弱	低	普通	可
自由重量 哑铃弯举	➡ p.92	小	▲	较弱	低	普通	可
自由重量 EZ 杠铃弯举	➡ p.93	小	▲	较弱	低	普通	否
自由重量 哑铃斜托弯举	➡ p.94	小	▲	强	高	普通	否
自由重量 哑铃锤式弯举	➡ p.95	小	▲	中	中	易	可

注：▲ = 介于二者之间。

上臂肱二头肌

辅助：上臂肌

辅助：臂桡骨肌

拉力带弯举

在家轻松练习上臂肱二头肌的方法

开始位时拉力带呈松缓状态，负荷较低。拉伸位的负荷也并不强烈。其优势在于，弯曲的肘部姿势可以让负荷由始至终保持一致。

要点！

用 4 根手指拉出拉力带

用食指到小指的 4 根手指向上拉，可以有效地把负荷施加在上臂肱二头肌上。如果使用细款拉力带，则可以让小指夹在拉力带外侧。

1

手握拉力带两端，双脚踩住拉力带中央。挺直腰背，手心向上，轻轻弯曲手肘部位，给上臂肱二头肌施加负荷。

调整拉力带的长度，从起始位置开始处于带负荷的状态。

提升拉力带，直到上臂与身体之间成60°角为止。

2

手肘的位置固定在身体侧面，弯曲肘部向上提拉拉力带。保持上半身稳定，从小指侧开始带动肘部弯曲，可以更有效地作用于上臂肱二头肌。

拓展

滑轮弯举

利用滑轮机进行的弯举锻炼。把滑轮的位置设定到最低，然后向上提拉手柄。即使恢复到伸直肘部的起始位置，负荷也不会流失。

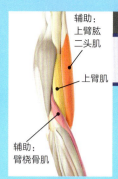

辅助：
上臂肱
二头肌

上臂肌

辅助：
臂桡骨肌

器械弯举

综合性地对上臂肌、臂桡骨肌、上臂肱二头肌进行锻炼

作为双关节肌，上臂肱二头肌负责驱动手臂向前方摆动，因此在其松缓的状态下弯曲手肘，就能对上臂肌和臂桡骨肌产生极大效果。姿态稳定，负荷不易下降。

拓 展

立式器械弯举

让拇指朝上，弯曲肘部进行的器械弯举。对上臂肌和臂桡骨肌的效果更佳。

轻轻弯曲肘部，
向前臂前侧施加
力量。

弯曲手肘的时候，肘部和上臂后侧也要紧密地贴合在靠垫上。

1 让手肘和上臂后侧紧密地贴合在靠垫上，适当调整座椅高度。握紧前方手柄，轻微弯曲肘部。

2 继续弯曲肘部，把手柄向上带起。保持肘部和上臂后侧紧密地贴合在靠垫上，只活动手肘前面的部分。这种器械的优势是即使肘部弯曲，负荷也不会下降，所以可以放心地弯曲手臂，尽可能扩大活动范围。

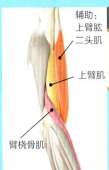

辅助：
上臂肱二头肌

上臂肌

臂桡骨肌

集中弯举

以上臂肌、臂桡骨肌为中心，对上臂前侧进行锻炼

与器械弯举相同，可以在上臂肱二头肌松缓的状态下弯曲肘部，因此对上臂肌和臂桡骨肌的功效显著。即使弯曲肘部，也不会导致负荷下降。

错误

肩膀弯曲、手臂倾斜

如果肩膀位置改变、上臂角度倾斜，那么在动作结束时肘部弯曲，负荷就很容易流失。

1 单手握住哑铃，坐在长椅上。手臂靠在大腿内侧，让肘关节保持稳定不动。轻微弯曲肘关节，让力量集中在上臂前侧。

另一只手支撑在大腿上，保持上半身稳定。

手腕向地面下垂，固定不动。

弯曲肘关节的时候，手臂也要固定在大腿内侧。

肘关节弯曲的时候，负荷也不会流失。

2 保持手臂靠在大腿内侧，固定不动。只让肘关节弯曲，向上提拉哑铃，肘关节弯曲到45° 即可。

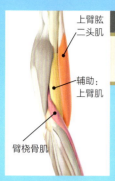

上臂肱
二头肌

辅助：
上臂肌

臂桡骨肌

哑铃弯举

以上臂肱二头肌为中心，综合性锻炼肘关节屈曲肌

通过弯曲肘部的动作，提升哑铃。这是具有代表性的锻炼上臂肱二头肌的项目。上臂肌或臂桡骨肌也可以得到综合性的锻炼。也可以利用杠铃进行锻炼。

1 握紧哑铃，手臂下垂，手掌朝前。轻微弯曲肘部，给上臂肱二头肌施加负荷。

轻轻弯曲肘部，在上臂肱二头肌充满力量的状态下开始动作。

错误

肘关节向后移动，活动范围变得狭窄

哑铃下垂的时候，肩膀转动。但如果肘关节向后移动，就会导致伸展范围变小，无法获得充分的活动效果。

拓 展

EZ 杠铃弯举

使用 EZ 杠铃进行的弯举项目。上臂略微向内侧翻转，可以进一步提高对上臂肌和臂桡骨肌的贡献度，从而实现对 3 个肘关节屈曲肌的均衡锻炼。

2 肘关节固定在身体侧面，仅通过肘关节的活动提拉哑铃。肘关节弯曲，让上臂与地面之间成 45°～60° 的夹角。

固定上半身，仅通过肘关节的活动提拉哑铃。

肘关节弯曲的时候，可以稍微向前探出一点。

拓 展

交叉哑铃弯举

分别弯曲左右肘关节，提升哑铃。这样更能清楚地意识到肘关节的弯曲运动。向小指的方向弯曲肘关节，加强对上臂肱二头肌的效果。

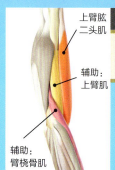

上臂肱
二头肌

辅助：
上臂肌

辅助：
臂桡骨肌

哑铃斜托弯举

从肩关节发力，在强势拉伸的状态下刺激上臂肱二头肌

向后拉伸手臂，让作为双关节肌的上臂肱二头肌处于紧绷的状态。拉伸负荷强大，容易造成肌肉损伤。拉伸效果很好。

1 长椅靠背的角度设定在45°。手持哑铃，坐在长椅上，后背紧靠长椅靠背。手臂下垂，伸展肩关节肌。感受作为双关节肌的上臂肱二头肌的伸展状态。轻轻弯曲肘关节，给上臂肱二头肌施加负荷。

2 肘关节的位置保持不变，用手臂的力量提拉哑铃。在弯曲手肘提拉哑铃的最后阶段，肘关节的位置可以稍微向前移动。

手掌朝前。

挺直后背。

错误

手臂向前摆动，肘关节向前突出

肩关节带动手臂，然后带动肘关节向前探出的话，上臂肱二头肌就会转入舒缓状态，负荷会有所下降。

辅助：
上臂肱
二头肌

上臂肌

臂桡骨肌

上臂肱二头肌的项目 6

自由重量

第 3 章

肩膀和手腕的肌肉锻炼

哑铃锤式弯举

拇指向上带动肘部弯曲，这个动作可以强化上臂肌、臂桡骨肌

上臂向内侧转动，可以有针对性地强化上臂肌和臂桡骨肌。向内转的时候，上臂肱二头肌附着在桡骨上的部分难以运动。

1 　握紧哑铃，手臂下垂，拇指朝前。略微弯曲肘关节，给上臂肌和臂桡骨肌施加负荷。

肘关节固定在身体侧面。

2 　肘关节固定在身体侧面，拇指向上。只用肘关节以下的手臂向上提拉哑铃。当肘关节弯曲到45°时即可。

错误

利用肩膀力量提升哑铃

如果除了肘关节以外，肩关节也在提升哑铃的过程中进行了屈曲动作，那么就无法针对肘关节屈曲肌施加负荷。

95

对肘关节拉伸的动作施加负荷

大致可以分为单关节项目的拉伸类与多关节项目的屈伸类

上臂肱三头肌

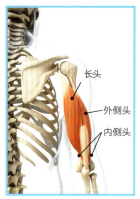

长头
外侧头
内侧头

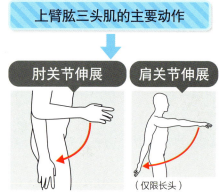

上臂肱三头肌的主要动作

肘关节伸展　　肩关节伸展

（仅限长头）

上臂肱三头肌的长头属于双关节肌，在从肩关节开始向上摆动手臂的状态下，肘部伸展得越大，拉伸负荷越强，而拉伸效果也越好。与仅运动肘关节的项目相比，肘关节和肩关节联动的多关节项目会具有更大的运动量。

项目一览及选择标准

上臂肱三头肌 ▶项目 ▼种类		运动量	负荷流失程度	拉伸部位负荷程度	拉伸效果	动作学习难度	可否在家锻炼
自重 反向俯卧撑	➡ p.97	中	▲	中	较低	较易	可
自重 窄距俯卧撑	➡ p.98	中	▲	中	较低	较易	可
拉力带 拉力带颈后臂屈伸	➡ p.105	小	难以流失	较弱	较高	较易	可
滑轮 下压	➡ p.100	较小	难以流失	较弱	低	较易	否
自由重量 哑铃单手后屈伸	➡ p.101	小	▲	弱	低	较易	可
自由重量 仰卧拉伸	➡ p.102	较小	难以流失	较强	中	普通	否
自由重量 颈后哑铃臂屈伸	➡ p.104	较小	▲	强	较高	较易	可
自由重量 单手颈后哑铃臂屈伸	➡ p.104	小	▲	强	较高	较易	可
自由重量 杠铃窄握卧推	➡ p.106	较大	▲	中	低	普通	否

注：▲ = 介于二者之间。

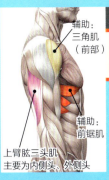

辅助：
三角肌
（前部）

辅助：
前锯肌

上臂肱三头肌
主要为内侧头、外侧头

自　重

反向俯卧撑

在家中也能轻松锻炼的上臂肱三头肌的多关节项目

作为带动手臂向后摆动的双关节肌，在上臂肱三头肌长头的舒缓状态下拉伸肘关节。因此对内侧头和外侧头这些单关节肌起到积极的作用。

容易

脚的位置靠近身体

弯曲膝盖，脚的位置越靠近身体，负荷越小。即使对自己的臂力没有信心，也能轻松尝试这个姿势。

1 背朝椅子，手扶住座椅边缘，脚向前方伸直。挺直后背，夹紧双臂。

伸直双脚，可以增加负荷。

上半身下沉到大臂与地面平行为止。

2 保持后背平直，肘关节弯曲成 90°，让身体下沉。这个姿势属于拉伸位。然后挺直肘关节，恢复 1 的姿势。

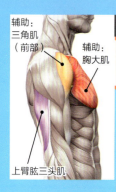

辅助：
三角肌
（前部）

辅助：
胸大肌

上臂肱三头肌

自 重

窄距俯卧撑

利用身体自重，轻松锻炼上臂肱三头肌的方法

缩短双手之间的距离，夹紧双臂，让负荷集中在上臂肱三头肌上进行俯卧撑锻炼，身体自重就能带来充分的负荷。肩关节也可以得到联动，运动量较大。

注意臀部不要下沉。

如果使用俯卧撑支架
（Push up bar），则活动范围更大。

手撑在双肩正下方。

1

双手打开，与肩同宽，摆出面部朝下的俯卧撑姿势。与通常的俯卧撑姿势相比，如果手的位置更靠近头部一侧，则能容易对上臂肱三头肌施加负荷。

要 点!

双手距离与肩同宽

如果缩短双手之间的距离，则对胸大肌的效果会有所下降，让锻炼变成以上臂肱三头肌为主的运动。即使双手之间的距离过于狭窄，难易度也会因此而有所增加，所以与肩同宽即可。

容易

双膝着地进行锻炼

如果觉得该项目难度较大，可以改为以双膝着地的方式进行锻炼。这样负荷会有一定程度的下降。不使用俯卧撑支架，也能流失负荷。

2 保持身体平直，弯曲肘关节，让身体下沉。身体下沉到肩膀尽量接近双手，把对上臂肱三头肌的锻炼发挥到极致。

弯曲肘关节，让身体下沉。

3 全身保持笔直状态，伸平手肘，提起上半身，恢复1的体位。

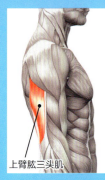

上臂肱三头肌

下压

姿势简单，但能保持负荷始终如一

姿势简单，容易掌握。即使伸直肘关节，负荷也不会下降。可以利用绳索机或拉力器械进行锻炼。

上身前倾，力量可以集中在肘关节伸展的动作上。

2 收紧双臂，向下拉动绳索。保持上半身和手柄的位置，完全依靠肘部带动手柄。

收紧双臂，伸直肘关节。

1 握紧头顶上方的手柄，用力下拉。收紧双臂，让肘关节弯度超过90°。双手之间的距离小于肩宽。双脚前后分开，挺直后背，上身前倾。如果使用滑轮机，应当把绳索起点位置设定在最高点。

错误

双臂打开

拉动绳索的时候如果打开双臂，负荷就会分散到胸大肌。但如果为了激发出最后一点力量，则可以用这个有效的技巧。

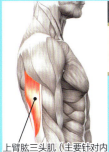

上臂肱三头肌（主要针对内侧头、外侧头，长头为辅助）

上臂肱三头肌的项目 4

自由重量

哑铃单手后屈伸

以内侧头与外侧头为中心，对上臂肱三头肌进行整体锻炼

向后摆动手臂，让作为双关节肌的长头放松下来，强化对内侧头与外侧头的锻炼。虽然起始位置时负荷容易流失，拉伸负荷比较弱，但是可以最大限度保证锻炼过程的安全性。

错误

肘关节下降

向上提拉哑铃时，如果肘关节位置下降，则肘关节拉伸的活动范围会变窄。因此无法对上臂肱三头肌进行充分的锻炼。

弯曲肘关节，直到上臂与地面平行。

1 单手握紧哑铃，另一只手与同侧膝盖搭在长椅上。上半身前倾，弯曲肘部，向上提拉哑铃，达到上臂与地面平行的状态。

固定肩关节，保持肘关节高度不变。

2 伸直肘关节，继续向上推动哑铃。向上推动哑铃的过程中，注意保持肘关节高度不变。

上臂肱三头肌的项目 **5**

自由重量

仰卧拉伸

对长头、内侧头、外侧头进行整体锻炼的基本项目

向前提升手臂，让作为双关节肌的长头在适当伸展的状态下进行锻炼。上臂肱三头肌可以得到整体锻炼，负荷不易流失，拉伸负荷也比较高。

上臂肱三头肌

1 手持 EZ 杠，仰卧在长椅上，把 EZ 杠举到头顶上方。手心朝上，双手不要分开太远，握紧 EZ 杠。伸展手臂，略向后倾。

手臂从垂直的角度，略向后倾，这种姿势更能保持 EZ 杠带来的负荷。

手握在这里。

错误

手臂垂直

如果手臂与地面垂直，那么肘关节伸直时上臂肱三头肌上的负荷就会很容易下降。

✕

102

要 点!

手腕略微弯曲

让手腕稍微向手掌侧弯曲（掌屈），更容易用力。另外，肘关节弯曲的时候，EZ杠有可能碰到头部，需要多加注意。

2 保持肘部位置不变，弯曲肘关节，让EZ杠缓慢下降。EZ杠下降后的位置，可以略低于上臂的水平高度。这个姿势就是拉伸位，但小心不要让EZ杠撞到头部。

以肘部为支点，仅让肘关节参与运动。

3 保持肘部位置不变，伸直肘关节，向上提升EZ杠。恢复到1的姿势。仅利用肘关节的力量，让EZ杠上升。

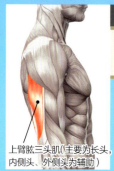

上臂肱三头肌(主要为长头，内侧头、外侧头为辅助)

颈后哑铃臂屈伸

有的放矢地锻炼上臂肱三头肌长头的哑铃项目

手臂提升到头顶上方，让双关节肌的长头在尽可能拉伸的状态下承受负荷。拉伸负荷比较强，所以容易造成肌肉损伤。拉伸效果比较好。

1 坐在长椅上，双手把哑铃立着提起来。伸直肘关节，把哑铃拎到头顶后方。

尽可能提升到更高的位置，固定肘部。

双手持哑铃的方法

拓　展

单手颈后哑铃臂屈伸

单手握哑铃进行的颈后臂屈伸锻炼。与双手动作相比，肘关节曲度更大。

拓 展

拉力带颈后臂屈伸

利用拉力带进行的颈后臂屈伸锻炼。起始位置时拉力带呈松缓状态，负荷较弱。但在锻炼过程当中，可以保持一定负荷。

1 手握拉力带两端，踩住拉力带中央部分。双手拉伸到头顶上方，然后弯曲肘关节。

2 把肘关节固定在最高点，然后伸直。用肘关节的力量牵引拉力带。

2 固定肘部位置，弯曲肘关节使哑铃下沉，下沉的位置应当略低于小臂的高度。此时双臂处于拉伸位。在手臂上扬的状态下让肘关节弯曲，可以发动上臂肱三头肌的长头肌肉。

使肘部处于最高点，弯曲肘关节。

3 固定肘关节的位置，通过肘关节的伸展提升哑铃，恢复到1的姿势。向上提升哑铃的时候，只有肘关节产生了伸展运动。

辅助：
三角肌
（前部）

辅助：
胸大肌

上臂肱三头肌

自由重量

杠铃窄握卧推

缩短双手距离，积极运用上臂肱三头肌的卧推项目

缩短双手距离，就能减少胸大肌的参与度，让上臂肱三头肌成为
运动主体。如果选择大重量级杠铃，其较长的运动距离会带来更
大的运动量。

1 仰卧在卧推专用
的长椅上，双手打开，
与肩同宽，握紧杠铃的
横杆。从架子上取下杠
铃，举到肩膀上方。

肘部外翻，弯
曲肘关节。

2 不要并拢肩胛骨，让横杠下降到胸前的位置。
横杠略微接触身体，肘关节完全弯曲，让上臂肱三
头肌的活动范围尽可能扩大。

双手之间距离更窄的卧推锻炼

进一步缩短双手之间的距离，就能继续流失胸大肌的参与度，进而增强上臂肱三头肌的负荷。但有可能造成手腕疼痛，需要充分注意。

要 点!

肘部适当向左右两侧打开

不要夹紧双臂，让肘部适当向左右两侧打开，缓慢放下杠铃。这种状态下动作会更加顺畅，同时降低肘关节疼痛的风险。

可举起重量降为一般卧推动作承受重量的70%~80%。

3 伸直肘关节，举起杠铃，恢复到1的姿势。不要主动进行肩关节的运动，让肘关节成为动作主体举起杠铃。

小臂屈肌群

拉力带项目确保负荷量始终如一，

自由重量项目确保拉伸负荷

给手腕弯曲的动作施加负荷，锻炼手臂前侧的屈肌群

小臂屈肌群的主要动作

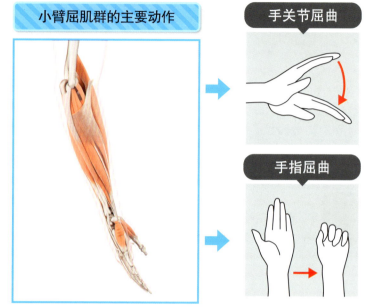

手关节屈曲

手指屈曲

手腕向手掌方向弯曲的手关节屈曲动作，主要依靠小臂屈肌群来完成。而小臂屈肌群主要集中在小臂前侧。在哑铃弯举项目中，负荷容易在手臂弯曲的最高点姿势时下降，但是拉力带弯曲和滑轮弯曲的项目则能确保负荷始终如一。无论哪个项目，都只能发动小臂的小肌肉部分，均属于单关节项目。所以运动量相对较小。

作为小臂屈肌群的肌肉之一，指浅屈肌和指深屈肌主要负责除拇指以外的 4 根手指的弯曲运动。如果让手腕和 4 根手指同时进行弯曲和伸展的动作，就能扩大活动范围，增高负荷量。

小臂屈肌群

项目一览及选择标准

▼种类	▶项目	运动量	负荷流失程度	拉伸部位负荷程度	拉伸效果	动作学习难度	可否在家锻炼
拉力带 拉力带弯举	➡ p.109	小	难以流失	弱	低	普通	可
滑轮 滑轮弯举	➡ p.109	小	难以流失	中	中	普通	否
自由重量 哑铃弯举	➡ p.110	小	▲	中	中	普通	可

注：▲ = 介于二者之间。

小臂屈
肌群

拉力带弯举

利用拉力带轻松锻炼小臂屈肌群的方法

在拉力带松缓的状态下开始动作，拉伸负荷相对较弱。虽然存在手指无法拉伸的难点，但也能始终保持负荷。

1 坐在椅子上，双手拉住拉力带两端，双脚踩住拉力带中间位置。小臂放在大腿上，翻转手腕调整拉力带的长度，握紧拉力带。

2 将小臂固定在大腿上，手腕向上弯曲。除了手腕弯曲的动作以外，要意识到手指握紧的动作带来了小臂屈肌群的收缩。

用除拇指之外的4根手指握紧拉力带。

拓 展

滑轮弯举

利用滑轮机进行的弯举锻炼。让滑轮支臂向侧面横倒，单手握住手柄，另一侧的膝盖着地。肘关节支撑在膝关节上，保持身体稳定。这个项目的优势在于负荷不易流失。

开始拉时，手指略微分开，拉伸手腕内侧。

小臂屈肌群

自由重量

哑铃弯举

较为宽阔的手指活动范围，实现小臂屈肌群锻炼

在手掌摊开的状态下开始动作，小臂屈肌群的拉伸程度比拉力带锻炼更胜一筹。哑铃处于最高点时，手腕处于弯曲状态，因此有负荷容易下降的难点。

1 手持哑铃，小臂搭在长椅上。感受哑铃的重量，自然地向后弯曲手腕，同时慢慢伸展手指。通过手腕和手指的同时动作，让小臂屈肌群得到全面锻炼。

用 4 个指尖承载哑铃的重量。

2 使小臂继续固定在长椅上，弯曲手腕和手指。慢慢收拢指尖和手腕，提升哑铃。如果在家锻炼，可以同拉力带弯曲一样，坐在椅子上进行。

1 感受哑铃重量，让手腕自然下垂，拉伸小臂后侧。

2 让哑铃呈"8"字转动，反复翻转手腕。

拓 展

哑铃反向弯举

锻炼小臂后侧小臂屈肌群的弯曲项目。手背朝上，感受手腕位置复原过程中的负荷。

臀部、腿的
肌肉锻炼

臀部锻炼是以高强度的负荷为媒介，为强化臀部的臀大肌和臀部侧面的臀中肌而进行的锻炼。通常进行锻炼时，可以把腿部分成3部分来进行，分别是大腿前面的股四头肌、大腿后面的腘绳肌、大腿内侧的内收肌群。同时，还可以锻炼到骨盆前面的髂腰肌和小腿肌肉。

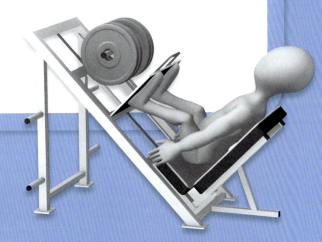

臀大肌

可以分为重视负荷均一的自重臀桥类项目，以及性价比优越的单脚下蹲类项目

向负责把脚向后方摆动或直立上身的
髋关节伸展运动施加负荷

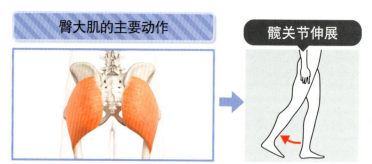

臀大肌的主要动作

髋关节伸展

臀大肌的体积较大，因此相关项目的总体运动量也比较大。臀桥类项目的优点是负荷难以流失，但也有拉伸负荷较弱的缺点。与此相对，保加利亚深蹲和单脚深蹲等单脚下蹲类项目的拉伸负荷较大，同时拉伸效果也比较好。在进行髋关节运动的时候，会动员到膝关节，也会向后脚施加负荷，因此运动量较大。

臀大肌

项目一览及选择标准

▼种类 / ▶项目		运动量	负荷流失程度	拉伸部位负荷程度	拉伸效果	动作学习难度	可否在家锻炼
自重 自重臀桥	➡ p.113	中	难以流失	较弱	低	较易	可
自重 单脚自重臀桥	➡ p.113	中	难以流失	较弱	低	较易	可
器械 髋关节拉伸	➡ p.114	中	▲	中	中	易	否
滑轮 滑轮髋关节拉伸	➡ p.115	中	▲	中	中	较易	否
自由重量 保加利亚深蹲	➡ p.116	大	▲	强	较强	普通	可
自由重量 单脚硬拉	➡ p.117	大	▲	强	较强	较难	可
自由重量 臀桥	➡ p.118	较大	难以流失	较弱	低	较易	否
自由重量 哑铃后弓步	➡ p.119	较大	容易流失	强	较高	普通	否

注：▲＝介于二者之间。

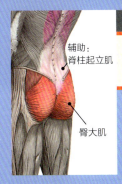

辅助:
脊柱起立肌

臀大肌

自 重

自重臀桥

依靠自身重量即可简单进行的臀大肌锻炼方法

通过伸展髋关节、提升臀部的动作锻炼臀大肌的自重项目。其优势在于负荷始终如一。最适合用来单独强化臀部肌肉。

1 后背的上部靠在椅子边缘，背部向后弯曲的同时臀部向下移动，让髋关节弯曲。双手交叉在胸前。椅子应当靠在墙壁上进行固定。

背部向后弯曲的同时臀部向下移动。

脚部位置应当便于臀部提升。

骨盆位置应当高于膝盖。

2 臀部提升到高于水平位置。脚底用力，垂直地踩在地板上。如果椅子边缘太硬，可以放一个靠垫作缓冲。

拓 展

单脚自重臀桥

单脚进行的高负荷臀桥项目，是自重臀桥的升级版。动作与自重臀桥相同。

髋关节拉伸

扩大脚部摆动范围，增强对臀大肌的锻炼效果

让负荷直接施加在大腿向后摆动的动作上，对臀大肌效果更佳。动作简单，活动范围广。可以在安全状态下挑战极限。

要 点!

让髋关节与器械转轴的位置重合

髋关节对正器械支臂起点的位置，可以在活动范围内更有节奏地伸展髋关节。

1 横向站在器械台上，膝盖后侧搭在器械侧面的靠垫上。挺直后背，靠垫升至大腿与地面水平的位置，拉伸臀大肌。

握紧手柄，支撑上半身。让上半身前倾的幅度最小。

把靠垫设定在大腿与地面保持水平的高度，确保负荷不流失。

2 挺直后背，用大腿后侧推动靠垫，尽可能向后方摆动。需要注意的是，此时如果上半身向前倾斜，则髋关节活动范围受限，臀大肌的负荷就会下降。

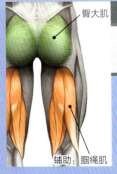

臀大肌

辅助：腘绳肌

臀大肌的项目 **3**

绳索

绳索髋关节拉伸

利用绳索机进行的髋关节拉伸

与器械锻炼相比，绳索项目的髋关节活动范围较小，但因为膝盖得到了充分拉伸，因此膝关节和作为双关节肌的腘绳肌都可以得到良好的拉伸。

错误

上半身向前倾斜

脚向后摆动的时候，如果上半身向前倾斜，就会导致髋关节活动范围受限，臀大肌的负荷就会下降。

单手支撑在支臂上，稳定上半身。

让上半身前倾的幅度最小。

1 绳索高度设定在略低于膝盖的位置，把踝带系在起点侧的脚踝上。挺直后背，单脚伸向起点方向。

2 保持上半身垂直于地面，脚向后方摆动，牵引绳索。保持膝盖处于拉伸状态，继续向后方牵引绳索。如果绳索机上没有配备踝带，可以自行购买。

115

辅助：
臀中肌

臀大肌

辅助：腘绳肌

臀大肌的项目 4

自由重量

保加利亚深蹲

与通常的深蹲锻炼相比，可以给臀大肌施加更重的负荷

单脚进行，所以使用重量比通常的深蹲锻炼更加集中。为了减轻腰背部负担，尽量让负荷集中在单侧的髋关节处。

错误

膝盖向前突出

如果前脚膝盖探到了脚尖前面，膝盖就会分担一部分负荷重量。这将导致让负荷集中在髋关节（臀大肌）处的锻炼优势无法充分发挥。

尽量抑制施加在后脚上的负荷（前后脚的负荷比应为8：2）。

1 背朝长椅，手握哑铃，单脚向后，脚尖搭在长椅上。挺直后背，前腿膝盖微微弯曲。

拓 展

单脚硬拉
与保加利亚深蹲相比，单脚硬拉项目对臀大肌的要求更加严苛。

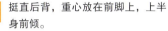

1 挺直后背，重心放在前脚上，上半身前倾。

2 挺直后背，抬起上半身。

上半身的角度可控制在20°~30°。

2 腰背挺直，上半身稍微前倾，拉低臀部。臀部下降的高度可以与前腿大腿高度保持一致。处于这个姿势时，臀大肌得到了充分的拉伸。

3 腰背挺直，恢复到1的姿势。锻炼过程中始终保持了骨盆的水平状态，因此髋关节外转的力量（大腿向外侧摆动的力量）也得到了发挥。这意味着臀大肌、臀部侧面的臀中肌都被动员起来了。

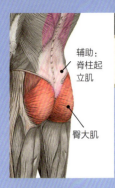

辅助:
脊柱起
立肌

臀大肌

臀大肌的项目 **5**

臀桥

利用杠铃重量进行的高负荷臀桥锻炼

大重量级臀桥项目。姿势简单,负荷不易流失。可以借助史密斯训练器完成该锻炼。

要 点!

为防止杠铃横杠压到身体,可以使用毛巾或软垫

横杠压到身体会带来疼痛,可以使用软垫把横杠包起来,也可以用毛巾垫在横杠下面。

1 后背上部靠在长椅边缘。后背向后弯曲,臀部下降,完成骨关节弯曲。杠铃的横杠靠在大腿根部,用双手保持稳定。

脚放在容易让臀部向上提升的位置。

骨盆提升到高于膝盖的位置。

2 臀部提升到水平高度以上。脚底垂直向下,用力踩在地面上,确保对臀大肌的锻炼效果。

辅助：臀中肌

臀大肌

辅助：腘绳肌

臀大肌的项目 ⑥

自由重量

杠铃后弓步

以臀大肌为中心，对下半身的肌群进行整体锻炼

拉伸负荷较强，拉伸效果较好。站立过程中负荷有可能流失，同时存在姿势不够稳定的难点。

拓 展

哑铃后弓步

双手握紧哑铃进行后弓步锻炼。与杠铃项目相比，姿势更为稳定，可以在安全状态下挑战身体极限。

1

从架子上摘下杠铃。挺直后背，身体重心放在单侧腿上，另一只脚打开，做好准备。

上半身轻微前倾，让身体重心落在前腿上。

2

挺直后背，身体重心一侧的膝盖弯曲，另一侧的腿向后拉伸，臀部下降。保持这个姿势，感受臀部拉伸。收回后腿，恢复到 1 的姿势。

119

臀中肌

通过单关节运动进行锻炼的器械、滑轮项目，以及通过多关节运动进行锻炼的单脚硬拉项目

臀中肌负责髋关节外转动作，实现脚向侧面打开的动作，同时可以保持骨盆的水平活动。把负荷施加在臀中肌上，对其进行锻炼。

臀中肌的主要动作

髋关节外转

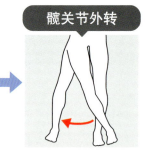

位于臀部侧面的臀中肌，是髋关节外转的主动肌。臀中肌的体积小于臀大肌，因此运动量也小于臀大肌相关项目。在单侧手脚提拉项目中，负荷施加在中心腿和另一侧的手上，上半身在扭转的状态下上升。因此能在确保髋关节外转的作用下对臀中肌进行锻炼。但是，臀中肌的肌纤维并不能剧烈伸缩，因此总体来说拉伸效果低于臀大肌项目。

项目一览及选择标准

臀中肌 ▼种类	▶项目	运动量	负荷流失程度	拉伸部位负荷程度	拉伸效果	动作学习难度	可否在家锻炼
自重 自重单侧手脚提拉	➡ p.121	较小	▲	强	中	较难	可
拉力带 拉力带单侧手脚提拉	➡ p.121	中	难以流失	中	中	较难	可
器械 器械肌肉外展锻炼	➡ p.122	中	▲	中	低	易	否
滑轮 滑轮肌肉外展锻炼	➡ p.123	较小	▲	中	较低	较易	否
自由重量 单侧手脚硬拉	➡ p.124	较大	▲	强	中	较难	可

注：▲＝介于二者之间。

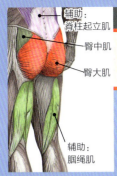

辅助：
脊柱起立肌
臀中肌
臀大肌
辅助：
腘绳肌

臀中肌的项目 **1**　　　　　　　　　　　　**拉力带**

拉力带单侧手脚提拉

在家中也能轻松锻炼臀中肌的拉力带项目

起始位置时拉力带处于松缓状态，但起立的时候负荷也不会有所流失。可以缩短手持拉力带的长度，不断增加对臀中肌负荷的挑战。

拓 展

自重单侧手脚提拉

自重项目的升级版。背部向后弯曲，上半身以大腿根部为轴下降。进行这个项目时，很容易忽略以大腿根部为轴的重点，而单纯通过弯曲后背来降低上半身。所以不要勉强让手碰触到地板。

1

单手扶在椅背上，同侧脚踩住拉力带的中央位置，另一只手拉紧拉力带的两端。单脚站立，挺直上半身。

扶住椅背，保持身体平衡。

转动上半身，降低右肩，上半身倾斜着向前方倒下。

2

稍微弯曲膝盖，以大腿根部为轴心，转动上半身。肩膀朝另一侧骨盆位置倾斜下去，然后起身恢复到 1 的姿势。也就是说，上半身向另一侧转动弯曲，然后起身。

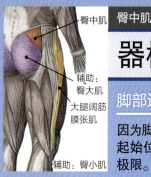

臀中肌

辅助：
臀大肌

大腿阔筋
膜张肌

辅助：臀小肌

器械肌肉外展锻炼

脚部运动轨迹稳定，有效锻炼臀中肌的器械项目

因为脚部按照固定轨迹进行运动，因此姿势简单，可有效锻炼臀中肌。起始位置时负荷容易流失，但可以在安全状态下挑战大重量级的极限。

要　点！

双腿并拢的时候负荷易流失

打开的双腿一旦并拢，则负荷就会流失。为确保肌肉锻炼的效果，请多加注意。

1 坐在座椅上，握住手柄，膝盖外侧靠在靠垫上。稍微打开双腿，把负荷施加在臀中肌上。

握住手柄，双腿紧紧抵靠在靠垫上。

双腿向两侧大大地张开，固定住靠垫。

2 双腿向侧面打开，固定住靠垫。为了在结束位置时也保存住负荷，可以尽量扩大双腿之间的距离，增加活动范围，向肌肉施加负荷。

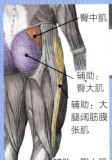

臀中肌

辅助：臀大肌

辅助：大腿阔筋膜张肌

辅助：臀小肌

臀中肌的项目 ③

绳索

绳索肌肉外展锻炼

活动范围广，发动髋关节锻炼臀中肌

虽然重量级别高，但能最大限度地扩展腿内侧的肌肉活动范围。起始位置时负荷容易流失，但腿摆动的时候可以保存负荷。

错误

身体横倒

如果起始位置时身体横倒，那么髋关节外转的活动范围就会变小，无法充分锻炼臀中肌。

✕

单手扶在支臂上，保持上半身稳定。

起始位置时，要确保臀中肌负荷不流失的站立位置。

1 把绳索起点设定到最低位置，起点侧的脚踝处系好踝带。背向器械，外侧的脚带动滑轮向内侧拉伸。

2 脚向侧面打开，牵引绳索。该项目的负荷由始至终都不会流失，所以应该尽可能增加摆动幅度，扩大活动范围，给臀中肌施加负荷。

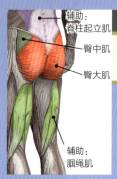

辅助：
脊柱起立肌

臀中肌

臀大肌

辅助：
腘绳肌

单侧手脚硬拉

针对臀中肌进行锻炼的单侧硬拉项目

在双脚项目中，臀中肌及臀大肌上部难以得到锻炼。所以在单脚项目中进行强化。拉伸负荷及拉伸效果俱佳，运动量也比较大。

错误

上半身弯曲

如果不能保持腰背挺直，导致后背弯曲，则髋关节的活动范围变窄，臀中肌和臀大肌就无法得到充分的锻炼。

✕

手轻轻地搭在靠背上，保持上半身稳定。

1 单手扶在长椅的靠背上，站直。另一只手持哑铃，抬起同侧脚，挺直腰背。

2 稍微弯曲膝盖，以大腿根部为轴心，转动上半身。肩膀朝另一侧骨盆位置倾斜下去。

3 上半身向反方向转动，以髋关节为轴心起身，恢复到 1 的姿势。

● 动作支点为髋关节。

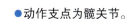

要 点!

转动上半身的同时，发动髋关节动作

双肩及骨盆线条同时倾斜转动（如右侧照片，左肩和骨盆左侧同时动作），让上半身前倾。向反方向转动的同时抬起上身，给臀中肌施加负荷。

125

髂腰肌

主要可以分为3个类别，分别是抬腿类、髋部摆动类以及仰卧起坐类

髋关节屈曲的动作可以带动大腿根部到脚尖向前方摆动。对这个动作施加负荷。

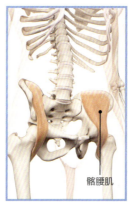

髂腰肌

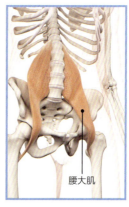

腰大肌

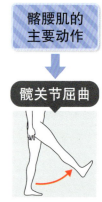

髂腰肌的主要动作

↓

髋关节屈曲

髂腰肌，是腰大肌和髂骨肌的总称，是髋关节屈曲的主动肌。在抬腿类项目当中，单杠抬腿这种上半身直立的锻炼具备绝对距离中负荷最大的特点，而侧卧进行的侧卧抬腿类项目则具备拉伸负荷最大的特点。因此相对而言，卧式项目的拉伸负荷更大一些。利用滑轮机和器械进行的髋部摆动类项目，总体来讲具有强大的拉伸负荷，拉伸效果也很好。在这个项目中，能够同时锻炼内收肌群的前侧。另外，抬腿类项目和髋关节仰卧起坐类项目可同时锻炼到腹直肌。

项目一览及选择标准

髂腰肌 ▼种类 / ▶项目	运动量	负荷流失程度	拉伸部位负荷程度	拉伸效果	动作学习难度	可否在家锻炼
自重 侧卧抬腿 → p.127	较小	容易流失	较强	低	易	可
器械 髋部摆动 → p.128	中	难以流失	较强	较高	普通	否
滑轮 滑轮髋部摆动 → p.129	中	▲	较强	较高	普通	否
自由重量 髋关节仰卧起坐（脚部固定） → p.130	较大	▲	中	低	较难	否
自由重量 单杠抬腿 → p.131	中	▲	弱	低	普通	否

注：▲＝介于二者之间。

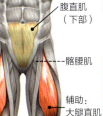

辅助：
腹直肌
（下部）

髂腰肌

辅助：
大腿直肌
（大腿股
四头肌）

髂腰肌的项目 **1**

自 重

侧卧抬腿

以腿部重量为负荷，锻炼髂腰肌的自重项目

通过简单的动作锻炼髂腰肌。仰卧进行，扩大活动范围。腿抬到最高处的时候负荷会流失，但可实现最大程度的拉伸负荷。

第

4

章

▼

臀部、腿的肌肉锻炼

拓 展

靠在椅子上进行锻炼

臀部搭在椅子边缘，摆动双腿。提升腿部的时候负荷也不会流失，而向后倾斜上半身的时候髂腰肌也可以拉伸得更顺畅。

手扶在地面上，保持上半身平衡。

1 　仰卧，舒展双腿，双脚的脚后跟稍微从地面抬起来一些。以大腿根部为支点，缓慢抬起单侧腿。保持腿部平直，提升到垂直状态。如果身体比较硬，膝盖稍微弯曲一点也可以。

2

脚后跟始终保持与地面的距离，尽量拉伸髂腰肌。

　腿的位置复原，再抬起另外一条腿，然后双腿交叉，上下摆动。

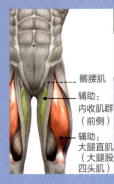

髋部摆动

优势多多的高阶器械项目，可期待卓越的锻炼效果

负荷不易流失，拉伸位负荷较强，可以得到多重锻炼效果。因为腿可以向后方大幅度摆动，所以具备活动范围广、拉伸效果好的特点。

髂腰肌

辅助：
内收肌群
（前侧）

辅助：
大腿直肌
（大腿股
四头肌）

错误

髋关节的伸展不充分

如果靠垫没有被设定在合适的位置，则腿就无法充分向后方摆动。在髋关节活动受限的情况下，髂腰肌也无法伸展。

✗

1 　横向站在器械台上，器械靠垫放在大腿下面。把靠垫位置设定在可以让腿最大限度向后摆动的位置。挺直后背，扶好手柄，保持身体平衡。

通过手部力量尽量抑制身体前倾。

挺直腰背，向前摆动大腿。

弯曲膝盖，以大腿根部为支点向前摆动。

2 　大腿下部抵住靠垫，弯曲髋关节。一边屈膝，一边尽可能让大腿向前方摆动。保持腰背挺直，扩大髋关节的活动范围。

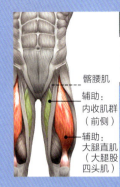

髂腰肌

辅助：
内收肌群
（前侧）

辅助：
大腿直肌
（大腿股
四头肌）

绳索髋部摆动

利用绳索机进行的髋部摆动锻炼

利用器械进行锻炼，可以获得同样的效果，但负荷容易流失。如果没有髋部摆动设备，可以以此作为代替项目。

错误

身体前倾

起始位置时，需要向后方摆腿。此时如果身体前倾，就会缩小髋关节的活动范围，让髂腰肌无法伸展。

手扶在支臂上，支撑上半身。

腿向后摆动的时候，身体重心在站立的一条腿上。

膝盖可以略微弯曲。

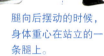

1 绳索起点设定在略低于膝盖的高度，把踝带系在起点侧腿的脚踝上。挺直上半身，单脚站在绳索起点位置，背朝支臂。

2 保持上半身直立，脚向前方摆动，牵引绳索。以大腿根部为轴心，尽可能增大摆动范围。

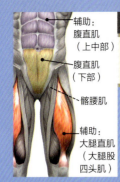

辅助:
腹直肌
（上中部）

腹直肌
（下部）

髂腰肌

辅助:
大腿直肌
（大腿股
四头肌）

自由重量

髋关节仰卧起坐（脚部固定）

固定脚部，强化对髂腰肌锻炼效果的腹肌项目

以髋关节为轴心做仰卧起坐，可以锻炼到髂腰肌。姿势略难。腹直肌下部也可同时受到锻炼，作为髂腰肌项目之一，运动量较大。

拓 展

单脚髋关节仰卧起坐

固定单脚进行的进阶版仰卧起坐项目。因为只发动单侧髂腰肌的动作，因此负荷更高。

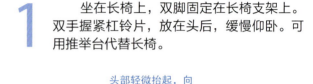

起身时不要刻意追求腰部力量。

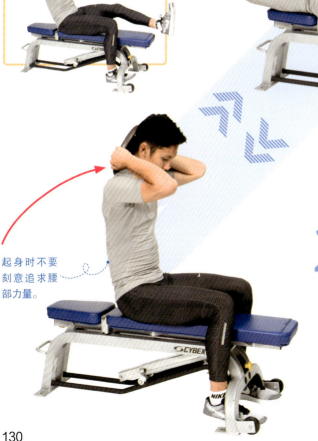

1 坐在长椅上，双脚固定在长椅支架上。双手握紧杠铃片，放在头后，缓慢仰卧。可用推举台代替长椅。

头部轻微抬起，向髂腰肌和腹直肌施加负荷。

2 从髋关节开始抬起上身。为防止腰部损伤，利用腹直肌力量向上拉起上半身，后背有轻微弧度。刚开始锻炼时，可以不使用杠铃片，仅依靠自身重量完成。

腹直肌（下部）

髂腰肌

辅助：大腿股直肌（大腿股四头肌）

单杠抬腿

腿部提拉得越高，负荷就越高的抬腿项目

拉伸负荷较弱，拉伸效果低。但是可挑战高负荷锻炼。向上抬腿的时候负荷最大，可有效锻炼腹直肌。

1 双手握紧单杠手柄，让身体悬空。双手略比肩宽，大腿根部略微向前摆动，给髂腰肌施加负荷。

如果膝盖过于弯曲，会降低髂腰肌的负荷，需要特别留意。

拓 展

加入体干弯曲的因素

一边提升双脚，一边弯曲脊柱（脊骨），增加腹直肌负荷的进阶版项目。对腹直肌有卓越贡献。

2 以髋关节（大腿根部）为轴心，向上提升双腿，脚部位置高于水平位置。膝盖稍微弯曲也可以。

因为负荷高，因此归类到自由重量项目中。

大腿股四头肌

通过单关节运动，温柔进行锻炼的拉伸类项目，以及通过多关节运动提高运动量的深蹲类项目

向伸直膝盖的膝关节伸展动作施加负荷进行锻炼

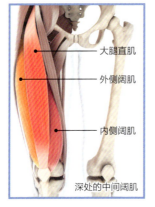

大腿直肌
外侧阔肌
内侧阔肌
深处的中间阔肌

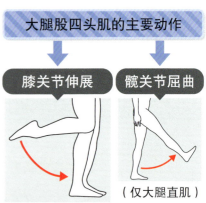

大腿股四头肌的主要动作

膝关节伸展 ｜ 髋关节屈曲

（仅大腿直肌）

大腿前侧的大腿股四头肌是膝关节伸展的主动肌，而双关节肌的大腿直肌独立作用于髋关节屈曲的动作。大腿股四头肌是人体中最大的肌群，无论哪个项目，总活动量都很大。特别是能够动员下半身所有大肌群的深蹲动作，更是所有项目中活动量最大的项目。深蹲类项目的拉伸负荷虽然强大，但具有起立后负荷大量流失的弱点。不要完全站直，保持膝盖略微弯曲，以此保持负荷始终如一。

项目一览及选择标准

大腿股四头肌 ▼种类	▶项目	运动量	负荷流失程度	拉伸部位负荷程度	拉伸效果	动作学习难度	可否在家锻炼
自重 印度深蹲	➡ p.133	较大	容易流失	较强	低	普通	可
自重 底盘下蹲	➡ p.133	中	▲	强	较高	较难	可
器械 腿部关节拉伸	➡ p.134	中	难以流失	较弱	低	易	否
器械 腿举	➡ p.135	大	容易流失	中	低	普通	否
自由重量 杠铃深蹲	➡ p.136	特大	容易流失	较强	低	难	否
自由重量 前蹲	➡ p.137	大	容易流失	强	低	难	否

注：▲＝介于二者之间。

自重

印度深蹲

通过自重针对大腿股四头肌、臀大肌进行下半身锻炼

对下半身进行的综合锻炼。虽然只利用自重，但仍具备较高运动量。起立后的负荷流失，但可以在安全的状态下追求强大的拉伸负荷。

辅助：脊柱起立肌

臀大肌

内收肌群（后侧）

大腿股四头肌

辅助：腘绳肌

拓 展

底盘下蹲

弯曲膝盖，腰部向后倒，强力拉伸大腿股四头肌的深蹲项目。作为双关节肌，大腿直肌也可获得强力拉伸。可以扶着杠杆或柱子进行锻炼。

1 双脚打开，与肩同宽。脚尖略微向外。双手放在耳后，挺直腰背。略微弯曲膝盖，让力量集中在大腿股四头肌上。

起立的时候不要完全伸直膝盖。

上半身适度前倾。

膝盖可以稍微探到脚趾前面。

2 保持腰背直立，以大腿根部为轴心，上半身向前倾。膝盖弯曲到下蹲位。臀部下降，直到大腿与地面水平。膝盖弯曲到略微探出到脚趾前面。此时处于拉伸位。挺直膝盖起身，恢复到 1 的姿势。

脚尖向外八字打开。

133

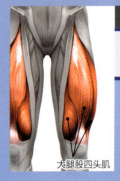

大腿股四头肌

腿部关节拉伸

专门针对大腿股四头肌的器械锻炼项目

动作简单，对大腿股四头肌效果明显。在安全状态下挑战大重量级的锻炼。拉伸负荷较弱，即使膝盖伸直，负荷程度也始终如一。

错误

臀部抬起

伸直膝盖的时候如果抬起臀部，则后倾的上半身会让膝关节的活动范围缩小，导致大腿股四头肌无法得到充分锻炼。

1 坐在座椅上，握紧手柄，脚腕紧贴前面的靠垫。双脚距离约等于腰宽。

合理调整靠垫的位置，确保膝盖弯曲到 90° 以上负荷也不会流失。

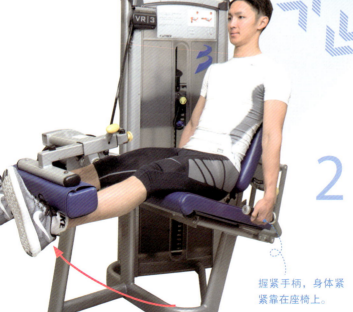

2 伸直膝盖，向上抬起靠垫。因为负荷容易流失，所以膝盖一定要完全打开。下降的时候，注意要在负荷即将流失的时候停下来。

握紧手柄，身体紧紧靠在座椅上。

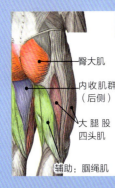

臀大肌

内收肌群
（后侧）

大腿股
四头肌

辅助：腘绳肌

腿举

动作与深蹲类似，对下半身进行综合性锻炼

锻炼目标与深蹲项目基本一致，姿势简单，不易对腰部造成损伤。如果尚未适应深蹲项目，建议从这个项目开始练习。

拓 展

提高脚的位置

提高脚的位置，可以减小对大腿股四头肌的负荷，增加对臀大肌的负荷。脚尖可以高于推盘外沿。

1 脚踏推盘中央位置，脚尖稍微向外翻。双脚距离约等于腰宽。握紧手柄，挺直后背。

2 伸直膝盖，向前推动推盘。推到膝盖马上就要完全伸直为止。返回的时候，也要缓慢地弯曲膝盖，注意不要让负荷流失。

合理调整靠垫的位置，确保膝盖弯曲到 90°以上负荷也不会流失。

握紧手柄，身体紧紧靠在座椅上。

135

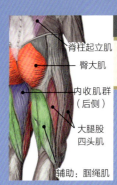

脊柱起立肌
臀大肌
内收肌群
（后侧）
大腿股
四头肌

辅助：腘绳肌

杠铃深蹲

对下半身进行高负荷综合训练的最强肌肉锻炼项目

运动量达到最高级别，别称为"王牌锻炼项目"。进行大重量级锻炼时，应当准备安全杆，以确保安全性。

1 从架子上取下杠铃，把杠铃扛在肩膀后侧。挺直腰部站稳，双脚打开，与肩同宽，脚尖略微朝外。横杠靠在斜方肌上，以免碰触到颈骨，导致疼痛。

要　点！

弯曲的膝盖稍微探出到脚趾前面

如果膝盖探出太多，会给膝盖带来太多负担。如果膝盖完全不探出，则会让上半身过度前倾，导致腰部受损。请注意把握平衡。

后背略有弧度，腰部挺直。

错误

上半身向前方弯曲

上半身过于向前倾斜，会导致腰疼。如果膝盖位置过于靠后，势必造成上半身过度前倾的现象。

拓展

前蹲

降低臀大肌的负荷，提高大腿股四头肌负荷的下蹲项目。与通常的深蹲类项目相比，身体前倾的幅度更小，身体较为直立。

杠铃搭在双肩肌肉上，交叉双臂从上部按住横杠。

3 伸直膝盖，起立。膝盖不要完全伸直，保证负荷不轻易流失。

膝盖弯曲的程度类似蟹腿。

2 挺直腰部，以大腿根部为轴心向前弯曲上半身，弯曲膝盖。臀部下降，直到大腿与地面水平为止。此时处于拉伸位。

137

腘绳肌

可以分为3类，分别是弯曲膝关节类项目、拉伸髋关节类项目、活动双方关节类项目

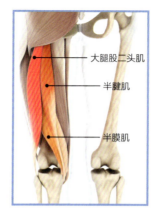

- 大腿股二头肌
- 半腱肌
- 半膜肌

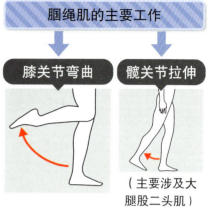

腘绳肌的主要工作

膝关节弯曲	髋关节拉伸
	（主要涉及大腿股二头肌）

对于双关节肌的腘绳肌来说，从髋关节侧面施加负荷的罗马尼亚硬拉以及直腿硬拉 (Stiff-legged DeadLift) 都具备非常高效的拉伸效果。因为这两个项目均采用前屈姿势进行锻炼。而对于臀桥、立式后勾腿、腿臀起这几个项目来说，因为动作过程中负荷不易流失，因此可以有效对肌肉施加化学性压力，有利于促进肌肉发育。

项目一览及选择标准

种类	▶项目	运动量	负荷流失程度	拉伸部位负荷程度	拉伸效果	动作学习难度	可否在家锻炼
自重 臀桥	➡p.139	中	难以流失	中	中	普通	可
自重 单脚臀桥	➡p.139	中	难以流失	中	中	普通	可
器械 立式后勾腿	➡p.140	中	难以流失	中	中	易	否
自由重量 腿臀起	➡p.141	较大	难以流失	较强	较高	难	否
自由重量 髋关节后拉伸	➡p.142	较大	▲	中	较高	普通	否
自由重量 罗马尼亚硬拉	➡p.144	大	▲	强	高	较难	否
自由重量 直腿硬拉	➡p.145	较大	▲	强	高	较难	否

腘绳肌

注：▲ = 介于二者之间。

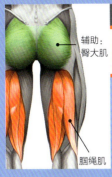

辅助：
臀大肌

腘绳肌

腘绳肌的项目 **1**

臀桥

利用自身负荷轻松锻炼腘绳肌的方法

膝关节的活动范围狭窄，但即使膝盖弯曲，负荷也能保持始终如一。虽然属于自重项目，但负荷较高。单脚进行时，可进一步提升负荷等级。

拓 展

单脚臀桥

单脚进行，提高负荷等级。姿势与双脚臀桥的姿势基本相同。

1 坐在椅子前面的地板上，脚后跟搭在椅子上。双手着地，挺直后背，臀部离开地面。把手放在伸直手臂就能让臀部离开地面的位置。

臀部不要接触地面。

2 以脚后跟为支点，弯曲膝盖，提起臀部。臀部提高至上半身与地面水平的位置。

弯曲膝盖，提起臀部。

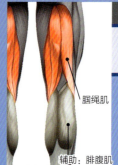

腘绳肌

辅助：腓腹肌

立式后勾腿

针对腘绳肌进行锻炼的器械项目

动作简单，轻松对腘绳肌产生效果。安全系数高。拉伸负荷虽然不强，但能保持动作过程中负荷始终如一。

1 坐在座椅上，握紧手柄，脚腕后侧搭在靠垫上。双脚距离约等于腰宽。把位于膝盖上面的靠垫放下来，固定大腿。

2 弯曲膝盖，向下压脚部的靠垫。因为这个项目的负荷能持续保持，所以可以放心地将膝盖角度弯曲到90°以下。返回的时候，膝盖拉伸到负荷即将消失之前。

脚部靠垫设定在膝盖伸直后也能确保负荷不流失的位置。

握紧手柄，身体贴在靠背上。

要　点!

用靠垫牢牢压住大腿，防止大腿上扬

膝盖弯曲的时候，如果大腿上扬，那么关节的旋转与器械的转动之间就会产生偏差。所以一定要稳定住大腿，防止上扬。

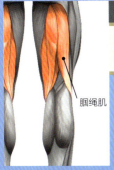

腘绳肌

腿臀起

膝关节与髋关节联动进行腘绳肌锻炼

腘绳肌属于双关节肌，要对肌肉两端施加强大的负荷。拉伸负荷强，拉伸效果好，负荷始终如一。

虽然是自重项目，但由于其负荷等级较高，因此被归类为自由重量项目。

1 双脚搭在 45° 的罗马椅上，靠垫设定在略低于骨盆的位置。挺直腰背，拉伸膝盖，感受腘绳肌处的力量。从髋关节开始，向前弯曲上半身。

2 弯曲膝盖，缓慢挺直髋关节，抬起上半身。膝盖以上的部分基本垂直于地面。

挺直腰背，髋关节向前弯曲。

挺直膝盖，拉伸大腿后侧。

挺直腰背，向上抬起上半身。

如果靠垫太硬，可以垫一条毛巾作缓冲。

脚尖立起的动作可以作用于腘绳肌。

要 点!

大腿靠在前面的靠垫上

靠垫的位置略低于骨盆，骨盆活动不会受到限制。挺直膝盖，从大腿根部开始前倾（髋关节弯曲），有效拉伸双关节肌的腘绳肌。

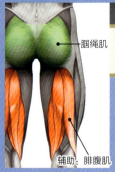

腘绳肌

辅助: 腓腹肌

腘绳肌的项目 4

自由重量

髋关节后拉伸

不给腰部增加负担的腘绳肌锻炼

拉伸效果好，同时作用于臀大肌，运动量较大。对腰部的负荷小，可作为硬拉项目的替换项目。

挺直腰背，髋关节向前弯曲。

挺直膝盖，弯曲髋关节（大腿根部），拉伸大腿后侧。

1 将杠铃片放在脑后，双脚搭在 45° 的罗马椅上，靠垫设定在略低于骨盆的位置。挺直腰背，从髋关节开始，向前弯曲上半身。

错误

上半身出现弧度 ✗

如果没有挺直腰背，而是让上半身出现弧度，那么该动作就会变成躯干（脊柱）弯曲的动作，导致腘绳肌无法得到拉伸（请参照 p.32）。

要点!

髋关节的大幅度动作

该项目的目标并非利用脊柱起立肌来拉伸后背，而是要通过发动大腿根部（髋关节）的动作来锻炼髋关节周围的肌群。靠垫设定得稍低，不限制骨盆的运动，这样才更容易实现以髋关节为中心的动作。

抬起上半身的过程中，腰背不要过度后倾。

以髋关节（大腿根部）为支点，抬起上半身。

2 拉伸髋关节，抬起上半身，使身体呈一条直线。初次锻炼，也可以不使用杠铃片。

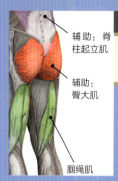

辅助：脊柱起立肌

辅助：臀大肌

腘绳肌

罗马尼亚硬拉

以全面拉伸的方式锻炼腘绳肌

运动量大，拉伸负荷和拉伸效果俱佳。负荷容易流失，但是对腘绳肌发育的综合效果良好。

1 　双脚打开，与肩同宽。双手打开，略比肩宽。握住杠铃的横杠。挺直腰背，膝盖略微弯曲，以大腿根部（髋关节）为支点挺起上半身，让杠铃离开地面。

挺直腰背，提起杠铃。

膝盖挺直的过程中，腘绳肌也受到强力拉伸。

拓展

直腿硬拉

挺直膝盖进行的硬拉项目。与罗马尼亚硬拉相比，有更强的腘绳肌拉伸效果。如果提拉杠铃时没有挺直腰背，则会对腰部造成很大负担，需要注意。

2 膝盖略微弯曲，以髋关节为轴挺起上半身，同时提拉杠铃。反复进行的时候，虽然也可以直接把杠铃放在地上，但不放在地上的锻炼方法更能保持负荷不流失。

错误

提拉杠铃时膝盖弯曲

如果提拉杠铃时腰部下沉、膝盖过于弯曲，则会变成通常的硬拉锻炼，而无法强化对腘绳肌的锻炼。但如果同时锻炼臀大肌，则可以如此进行。

内收肌群

及锻炼整体内收肌群的外展类项目锻炼位于大腿内侧后方的大内收肌群的宽蹲类项目，

内收肌群的主要动作

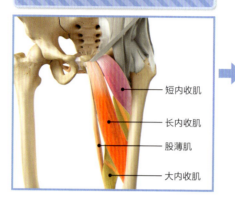

- 短内收肌
- 长内收肌
- 股薄肌
- 大内收肌

髋关节内转

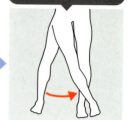

大腿内侧的内收肌群，是髋关节内转的主动肌。打开双脚距离的宽蹲类项目及硬拉类项目，都属于大重量级别项目，因此可以动员到内收肌群、大腿股四头肌以及臀大肌，运动量很大。另外，宽蹲类项目从臀部下沉的状态开始，类似于相扑的准备姿势，可以得到良好的拉伸效果。利用器械或滑轮进行的外展项目，虽然拉伸负荷处于中等水平，但能保持始终如一的负荷水平，具备向肌肉施加化学性压力、促进肌肉发育的优势。

项目一览及选择标准

内收肌群

种类	项目	运动量	负荷流失程度	拉伸部位负荷程度	拉伸效果	动作学习难度	可否在家锻炼
自重 宽蹲	→ p.147	中	容易流失	较强	较高	普通	可
器械 器械肌肉外展锻炼	→ p.148	中	难以流失	中	较高	易	否
滑轮 滑轮肌肉外展锻炼	→ p.149	较小	难以流失	中	中	普通	否
自由重量 宽蹲硬拉	→ p.150	大	容易流失	较弱	较低	难	否
自由重量 杠铃宽蹲硬拉	→ p.151	极大	容易流失	较强	较高	较难	否

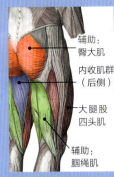

辅助：
臀大肌

内收肌群
（后侧）

大腿股
四头肌

辅助：
腘绳肌

内收肌群的项目 **1**

宽蹲

利用自重负荷简单实现内收肌群锻炼的方法

姿势简单，拉伸位负荷强大，具有较好的拉伸效果。虽然安全性良好，但难点在于起立过程中负荷容易流失。

要 点！

抑制上半身前倾

与通常的深蹲类项目不同，在这个项目中需要让负荷集中在内收肌群上，因此重心应当垂直向下。请尽可能抑制上半身前倾，降低臀部。

1 双脚打开，距离是肩宽的 2 倍，脚尖向外倾斜 45°。双手放在耳后，挺直腰背。膝盖略微弯曲，力量集中在大腿内侧。

上身挺直，臀部下降。

膝盖向外翻。

脚尖向外倾斜。

2 挺直腰背，降低臀部，双膝向外打开，呈一条直线。大腿与地面平行，强化内收肌群的拉伸效果。此时处于拉伸位置。挺直膝盖，臀部向上恢复至 1 的姿势。另外，这个项目主要用于锻炼内收肌群的后侧（大内收肌）。

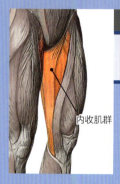

内收肌群

器械肌肉外展锻炼

脚部运动轨道稳定，易作用于内收肌群

双脚并拢时负荷也不会流失，可以在安全状态下挑战大重量级锻炼。开拓双脚打开时的活动范围，可以增强拉伸效果。

错误

双脚的设定位置过于狭窄

如果靠垫的距离窄，不能让双脚充分打开，那么内收肌群就无法得到充分拉伸。另外，起始位置的负荷也很容易流失。

设定靠垫位置时，需要注意对内收肌群的拉伸能力，以及负荷流失的难易程度。在起始位置时充分打开双脚，可以提高拉伸效果。

握紧手柄，身体靠在靠背上。

1 坐在座椅上，握紧手柄。双脚打开，膝盖内侧靠在靠垫上。

2 从髋关节开始向内压动靠垫，并拢双脚。双脚打开，回到 1 的姿势。在负荷满满的状态下反复进行锻炼。

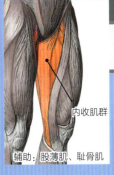

内收肌群

辅助：股薄肌、耻骨肌

内收肌群的项目 ❸

绳 索

绳索肌肉外展锻炼

始终保持施加在内收肌群上的负荷

与器械外展锻炼相同，可以保持负荷水平始终如一。单脚进行锻炼时，更有助于扩大活动范围。

第 4 章

臀部、腿的肌肉锻炼

1 绳索起点略低于膝关节的高度，背靠器械，在起点侧的脚腕上系好踝带。单脚被绳索向单侧牵引，另一只脚站在地面上。

2 脚向反方向大幅度摆动，牵引绳索。因为负荷不会轻易流失，所以可以把踩在地面上的那只脚当作轴心，另一只脚左右大幅摆动。

手扶在滑轮机上，保持上半身平衡。

保持即使另一只脚抬起，负荷也不会流失的姿势。

保持上半身直立，脚向内侧摆动。

错误

上半身横倒

起始位置时双脚打开，但如果上半身横倒，则骨盆倾斜，髋关节内转的活动范围变窄。

149

辅助：脊柱起立肌
辅助：臀大肌
内收肌群（后侧）
大腿股四头肌
辅助：腘绳肌

宽蹲硬拉

打开双脚距离，向内收肌群施加高负荷的硬拉项目

同时锻炼臀大肌、大腿股四头肌、脊柱起立肌的项目，运动量较大。挑战大重量级锻炼，腰部负担大，需要充分注意保持正确的姿势。

1 　双脚打开，距离约为肩宽的2倍。双手之间的距离略比肩宽，握紧杠铃的横杠。脚尖向外侧倾斜45°，挺直腰背，弯曲膝盖。臀部向下，上半身微微向前倾斜。

训练技巧

借助防滑器的帮助

进行硬拉类项目的锻炼时，左右手前后相对握紧横杠。借助防滑器，可以有效防止打滑，保持高重量级锻炼时的平衡。

在提起杠铃的时候尽可能保持上半身直立。

脚尖向外倾斜，双腿打开。

拓 展

杠铃宽蹲硬拉

扛起杠铃，能增强内收肌群的负荷。姿势与自重项目基本相同（详见 p.145），但上半身略向前倾斜更容易保持平衡。

2 上半身直立，利用髋关节和膝关节向上提拉杠铃。如果感到有些吃力，可以在动作恢复的时候把杠铃放在地面上，然后反复进行锻炼。

在提起杠铃的过程中保持腰背直立的状态。

腓肠肌、比目鱼肌

保持关节部位笔直，上下摆动脚尖，这个动作不仅能锻炼比目鱼肌，还能同时对腓肠肌产生刺激

脚腕前伸，脚尖向下摆动，然后脚跟向上，绷紧脚背，用力进行**踝关节底屈**的动作

腓肠肌、比目鱼肌的主要动作

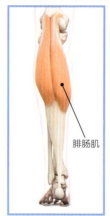

腓肠肌

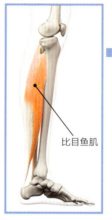

比目鱼肌

踝关节屈伸

小腿部的肌肉由 2 个部分组成，首先是结构扁平的比目鱼肌，其次是位于比目鱼肌上的腓肠肌。它们都对脚尖向下摆动的动作（踝关节底屈）产生影响。本章节中介绍的小腿拉伸系列动作，主要针对体积较小的腓肠肌和比目鱼肌而设计，所以运动量整体较小。另外，整体的拉伸效果比较高。特别是在借助器械进行的小腿拉伸动作，都是在脚跟处于自然状态下开始动作的，因此可以利用负荷重量进行肌肉拉伸。

项目一览及选择标准

腓肠肌、比目鱼肌

▼种类	▶项目	运动量	负荷流失程度	拉伸部位负荷程度	拉伸效果	动作学习难度	可否在家锻炼
自重 单侧小腿拉伸	➡ p.153	较小	▲	中	中	易	可
器械 器械小腿拉伸	➡ p.154	较小	▲	中	较高	易	否
器械 腿部负重拉伸	➡ p.154	较小	▲	中	较高	易	否

注：▲ = 介于二者之间。

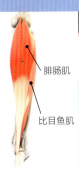

腓肠肌

比目鱼肌

腓肠肌、比目鱼肌的项目 **1**

自 重

单侧小腿拉伸

单脚站立，后背挺直，锻炼小腿肌肉

简单易行的拉伸运动。站在台阶上，对拓宽踝关节的活动范围进行锻炼。属于自重锻炼的项目，有可能产生负荷不足的倾向。推荐单脚进行，可有效提高负荷程度。

2

保持膝盖笔直，身体向上提升，同时让脚跟尽可能向上提，把站立的力量集中在脚尖上。拓宽踝关节的活动范围，可以有效锻炼腓肠肌和比目鱼肌。

保持膝盖笔直，向下压脚跟，拉伸小腿肌肉。

保持膝盖笔直，向上抬脚跟。

1

单脚踩在台阶的边缘，注意脚下安全，双手扶墙。伸直膝关节，向下压脚跟，拉伸小腿肌肉。

拓 展

弯曲膝盖进行

这是用于锻炼比目鱼肌的方法。如果弯曲膝盖，连接膝关节和踝关节的腓肠肌就会松缓下来。因此，负荷就会集中在只负责踝关节的比目鱼肌上。

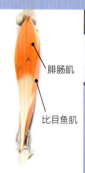

腓肠肌

比目鱼肌

小腿拉伸

可以安全、高负荷地挑战小腿肌肉的器械项目

可以在高负荷条件下安全地锻炼腓肠肌和比目鱼肌。动作本身也很简单，灵活运用器械负荷，可以获得高效的拉伸效果。

1 肩膀抵住器械，脚尖踩在踏板上。保持膝盖笔直，向下压脚跟，拉伸小腿肌肉。

2 保持膝盖笔直，身体向上提升，同时让脚跟尽可能向上提，把站立的力量集中在脚尖上。依靠踝关节的力量抬起肩膀上的器械支臂。

保持后背笔直的同时，脚跟向上提。

保持膝盖笔直的同时，脚跟向下压，拉伸小腿肌肉。

拓　展

腿部负重拉伸

即使没有小腿拉伸的器械，也可以用腿部负重器械锻炼腓肠肌和比目鱼肌。脚尖踩在踏板上，保持膝盖伸直，前后推拉脚跟。

第 5 章

身体躯干的
肌肉锻炼

　　人的身体躯干部分,包含脊柱周围的脊柱起立肌、腹部前面的腹直肌和侧腹的腹斜肌群(外腹斜肌、内腹斜肌)。在进行躯干的锻炼时,可以按这些部分进行分项锻炼。

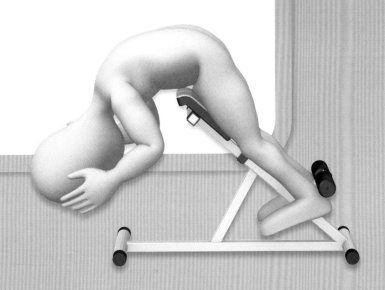

脊柱起立肌

负荷较大的硬拉类项目以及柔和安全的后拉伸类项目

[使脊柱（脊梁骨）向后弯曲
或保持弯曲状态，
增加躯干拉伸运动的负荷]

脊柱起立肌的主要作用

↓

躯干拉伸

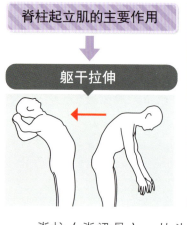
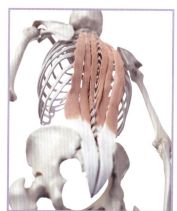

脊柱（脊梁骨），从头部到骨盆纵向连接。脊柱起立肌是附着在脊柱上的细长肌群的总称，是弯曲脊柱运动（躯干拉伸）的主动肌。硬拉动作，属于负重较高的项目，不仅运用脊柱起立肌，还会运用臀大肌和大腿股四头肌。因此，其特征就是运动量大。器械和自由重量中的后拉伸类项目，具有动作本身难以消除负荷的优势。另外，为防止出现腰痛的症状，原则上硬拉类项目中不进行肌肉伸张位的动作（背部弯曲的姿势）。因此，拉伸效果和拉伸位的总体负荷较低。但在自重负荷下，也有可以弓背的项目。后拉伸类项目通常都要通过弓背的姿态来实现。

脊柱起立肌 项目一览及选择标准

▼种类	▶项目	运动量	负荷流失程度	拉伸部位负荷程度	拉伸效果	动作学习难度	可否在家锻炼
自重 自重后拉伸	➡ p.157	中	容易流失	中	低	普通	可
器械 器械后拉伸	➡ p.158	中	▲	中	低	普通	否
自由重量 躯干后拉伸	➡ p.159	中	难以流失	较强	中	较难	否
自由重量 硬拉	➡ p.160	大	容易流失	较弱	低	难	否

注：▲=介于二者之间。

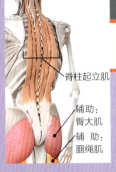

脊柱起立肌

辅助：
臀大肌
辅助：
腘绳肌

自　重

自重后拉伸

以自重为负荷锻炼脊柱起立肌的方法

如果仅在地板上锻炼，那么可动范围就会很狭窄。建议利用椅子和垫子。弓背进行，与其他的脊柱起立肌的锻炼项目相比，拉伸效果更好。

错误

胸部也贴在椅面上

身体重心没有落在椅子上，导致下半身抬不起来。这样会导致脚无法摆动，负荷变得很小。

1 把骨盆和腹部放在椅面上，弓起背，拉伸脊柱起立肌。如果座位硬，就铺上坐垫或抱枕，然后把脚抬起来。

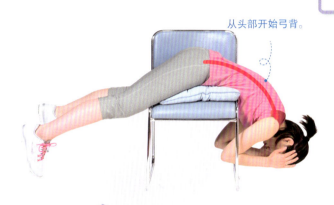

从头部开始弓背。

2 一边向上提拉脚部，一边向上抬起后背。在拉伸手臂的同时，头部带着躯干抬起。通过弯曲脊柱的动作，有意识地抬起双臂、双脚。为避免引起腰痛，不用过度弯曲。

拉伸手臂，可以提升自重负荷程度。

157

脊柱起立肌
辅助:
臀大肌
辅助:
腘绳肌

器械后拉伸

负荷高于自身体重，注意确保安全

虽然是高负荷锻炼项目，但优点就在于导致腰疼的风险很低。从微微弓背的姿态开始，拉伸位的时候也同样承受负荷。

拓　展

拓宽脊柱的可动范围

缩小髋关节的可动范围，拓宽脊柱的可动范围。开始时，以胸口附近为支点弯曲躯干，用力弓起后背。

无须用力弯曲脊柱，微微弓起即可。

1 把靠背放在肩胛骨附近，坐在座位上。双手交叉放在胸前。上半身向前倾，微微把后背弓起来。过度弯曲背部会给腰部造成负担，所以要多加注意。

后背向后弯曲，按下靠背。

2 拉伸髋关节，一边向后倾斜上半身，一边反向弯曲背部，按下靠背。保持背部弯曲的状态，将靠背向后推。

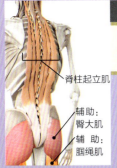

脊柱起立肌

辅助：臀大肌

辅助：腘绳肌

脊柱起立肌的项目 3

躯干后拉伸

硬拉的替代项目，用于柔和地锻炼脊柱起立肌

脊柱的可动范围拓宽，不流失负荷程度，运动量比较大。腰部状态不稳定的人，可以用这个项目替代硬拉类项目。

1 将杠铃片放在脑后，将两脚放在45°的罗马椅上，并让骨盆靠在靠垫上。弓起背，拉伸脊柱起立肌。

腰带线（Belt line）下面一点的位置，定位在靠垫的上端。

2 抬起上身，向后弯曲脊柱。为防止腰部负担过大，无须勉强背部弯曲程度。

向后弯曲脊柱，抬起上身。

错误

变成髋关节的运动

如果不是用脊柱，而是用髋关节带动上半身，那么躯干（脊柱）的可动范围就会变窄。这样就无法充分地锻炼脊柱起立肌（请参见 p.32）。

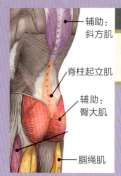

辅助：斜方肌
脊柱起立肌
辅助：臀大肌
腘绳肌

硬拉

综合强化身体后侧的王道项目之一

综合强化脊柱起立肌、斜方肌、臀大肌、腘绳肌等身体后侧主要肌群的基本项目。因为容易伤到腰，所以锻炼过程中需要充分注意。

1 脚打开到肩宽的位置，手放在比脚更宽的位置上，双手握住杠铃。弯曲膝盖，上半身前倾45°，提起杠铃。

技 巧

使用防滑带

使用防滑带等小道具，可以防止打滑，保持更加稳健的握力。因此，使用防滑带以后往往可以提起更高的重量。同时兼具放松腕部力量，把力量集中在脚部、后背的效果。

保持后背平直，提起杠铃。

横杠贴在身体上提起

横杠不离身，从小腿到膝盖、再到大腿贴着提起来。一旦横杠离开身体，就很容易导致腰伤，请注意。

错误

后背弯曲

向上提时弓起后背会伤到腰部。请在向上举的过程中挺直腰板。

2 一边伸直膝盖，一边抬起上半身，同时把杠铃提起来。挺直后背站起来，最后挺起胸膛。向下放置杠铃时，也可以直接把杠铃放到地板上。但不放到地板上而直接重复动作，可以最大限度地保持负荷力量不流失。

挺胸，保持后背挺直。

161

脊柱向前方弯曲（弓起），
给躯干弯曲的动作增加负荷

腹直肌

属于下压类的躯干弯曲单关节项目，以及属于仰卧起坐类的配合髋关节动作的多关节项目

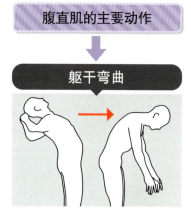

腹直肌的主要动作

⬇

躯干弯曲

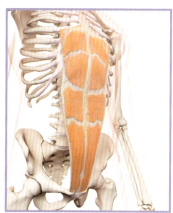

　　腹部前面的腹直肌，是脊柱向前弯曲时促成躯干弯曲的主动肌。下压类项目是单独带动脊柱部位活动的单关节项目，因此运动量较小。与此相比，髋关节也参与其中的仰卧起坐类项目则是多关节项目，因此运动量较大。平躺在地板或长椅上进行的项目，在拉伸腹直肌之前不能让身体下降，因此很难取得拉伸效果。但滑轮下压却能实现腹直肌拉伸。

腹直肌 项目一览及选择标准

种类	▶项目	运动量	负荷流失程度	拉伸部位负荷程度	拉伸效果	动作学习难度	可否在家锻炼
自重 仰卧卷腹	➡ p.163	较小	▲	弱	低	较易	可
自重 仰卧起坐	➡ p.164	中	▲	中	低	普通	可
器械 腹肌锻炼	➡ p.166	中	难以流失	中	较低	易	否
滑轮 滑轮下压	➡ p.167	中	难以流失	较强	较高	较难	否
自由重量 仰卧起坐（脚部固定）	➡ p.168	中	▲	中	低	普通	否
自由重量 下斜仰卧起坐	➡ p.169	较大	难以流失	较弱	低	普通	否

注：▲=介于二者之间。

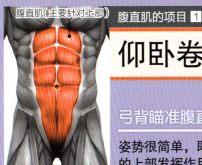

自 重

仰卧卷腹

弓背瞄准腹直肌进行锻炼的单关节项目

姿势很简单，即使做到极限也不会给腰部造成负担。轻松对腹直肌的上部发挥作用，但对中部、下部的刺激较轻。

要 点!

一边吐气，一边弓背

腹直肌是附着在下部肋骨上的肌肉。一边吐着气用力够肋骨一边弓起背，可以强化腹直肌的收缩，使之充分体现运动效果。

1 仰卧屈膝，把手放在耳朵附近。轻轻卷起背部，抬起躯干上部，给腹直肌的上部施加负荷。

屈膝动作可以减少腰部负担。

利用腹直肌的力量抬起躯干上半部。

2 以胸口附近为支点弯曲躯干，躯干上部到后背团成圆形。推荐弯曲程度，应该是肩胛骨离开地面，团成圆形。为了不减轻腹直肌的负荷，在向下回归时头部也最好不触及地面，反复进行。

以胸口附近为支点，眼睛看向肚脐，从躯干上部将后背团起来。

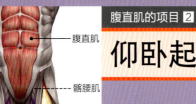

腹直肌

髂腰肌

辅助：
大腿直肌

辅助：
内收肌群

仰卧起坐

同时弯曲躯干和髋关节的多关节项目

不仅脊柱，而且髋关节也会弯曲，因此髂腰肌也可以一起得到锻炼。
仰卧起坐的运动量要大于下压卷腹的项目。

1 仰卧屈膝，把手放在耳朵附近。轻
轻卷起背部，抬起躯干上部，给腹直肌
的上部施加负荷。

利用腹直肌的力量抬起
躯干上半部。

屈膝动作可以减
少腰部负担。

2 以胸口为中
心，弓起背来。先
把后背团成圆形，
再抬起上身。

拓 展

双手向前伸

一边抬起身体，一边将双手沿着大腿慢慢地滑向膝盖，顺势向前方拉伸。这样能稍微减轻负荷，更容易起身。

错误

挺直后背，抬起上身

如果挺直背部起身，就不会对腹直肌产生效果，同时也有导致腰部疼痛的危险。

在腹直肌的负荷马上就要下降的时候停下来就可以了。

3 抬起上半身，使腹直肌收缩。如果完全起身，对腹直肌的负荷就会暂时性减轻，所以在身体几乎马上就要坐直的时候停下来最好。在向下回归时头部也最好不触及地板，反复进行。

腹直肌

辅助：肠腰肌

器 械

腹肌锻炼

简单而且安全的高负荷器械项目

姿势简单，可以轻松地对腹直肌产生效果，并且负荷量不会轻易流失。逐渐调节负荷，不要给腰部造成负担，对腹直肌整体进行锻炼。

错误

后背完全不弯曲

如果身体贴着靠垫向下压时后背完全保持平直，这个动作就会成为以髋关节为主体的动作。这样一来，负荷就不会集中在腹直肌上，而是转嫁到髂腰肌上。

✕

1 把靠垫放在胸部的高度，在座位上坐稳。然后将双臂的肘部放在靠垫上，轻轻弯曲背部，给腹直肌施加负荷。

开始之前，把靠垫的高度设定在器械负荷的高度上。

从头部开始，弯曲后背，向下压靠垫。

2 弯曲髋关节，上半身稍稍向前倾，同时弯曲背部。这个动作的要点是，以胸口为中心，用上半身弯曲的动作把靠垫向下压。

腹直肌《主要是上半部》

腹直肌的项目 **4**

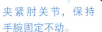绳索

绳索下压

大面积的运动范围，给腹直肌带来高负荷锻炼效果

优势在于负荷不会流失，比自重拉伸的负荷程度更高。姿态虽然较有难度，但是拉伸体位的负荷程度和拉伸效果更加优秀。

错误

用髋关节带动动作

如果不利用脊柱，而利用髋关节的运动来拉动绳索，会导致上半身下压但后背没有弯曲。这样就不能充分实现腹直肌的锻炼。

1

在器械上固定两根绳索，把绳索的起点设置在器械最高处。用双手握住绳索，形成膝部跪立的姿势，把绳索拉到头部的高度。

夹紧肘关节，保持手腕固定不动。

2

重点是抑制髋关节的运动，通过弯曲上体的运动拉绳索。把两肋拧紧，使胳膊不动。

注意不要让手臂的动作带来干扰。

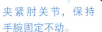

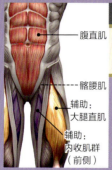

腹直肌

髂腰肌

辅助：
大腿直肌
辅助：
内收肌群
（前侧）

仰卧起坐（脚部固定）

在脚部固定的状态下，同时锻炼腹直肌和髂腰肌

在脚部固定的情况下，能增加腹直肌下部和髂腰肌的锻炼负荷。以髋关节为轴进行的仰卧起坐，让背部弓圆，锻炼整体腹直肌部分。

错误

后背挺直

如果起身时不弓背，就会变成髋关节仰卧起坐动作，从而导致髂腰肌的负荷增加，但腹直肌的负荷减少。另外，保持后背挺直的姿态，也会增加腰部负担。

1 坐在长椅上，把双脚脚尖钩在长椅脚上固定。把杠铃片放在后脑勺，仰面躺下。可以使用卧推长椅来代替。

躯干部位稍微抬起，增加腹直肌和髂腰肌的负荷。

从头部到背部要完全弓起来。

2 以胸口为中心，弓起背，以髋关节为轴起身。如果完全坐直，腹直肌部位的负荷就会减轻，因此在马上坐直之前停下来。重新躺下的时候也不要让腹直肌的负荷流失，反复进行。

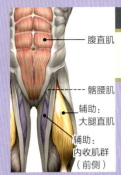

腹直肌

髂腰肌

辅助：
大腿直肌

辅助：
内收肌群
（前侧）

腹直肌的项目 **6**

自由重量

下斜仰卧起坐

增加锻炼角度，让腹直肌和髂腰肌进入高负荷锻炼状态

在可倾斜式长椅上举高双脚进行仰卧起坐，增加负荷。即使起身，负荷也不会减轻，运动量随之增大。

要 点！

使用专用长椅

可倾斜式的腹肌训练长椅，分为卷腹用和仰卧起坐用（下面照片）两款。本页中使用的是卷腹款。如果健身房中同时具备两种款式，请使用仰卧起坐款，这样更容易对髂腰肌和腹直肌下部的锻炼产生效果。

仰卧起坐用可倾斜式长椅

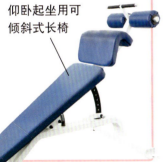

1

仰面躺在可倾斜式长椅上，固定双脚。然后把杠铃片放在后脑勺。

躯干部位稍微抬起，增加腹直肌和髂腰肌的负荷。

即使不使用杠铃片，也属于高负荷动作。

2

以胸口为中心，弓起背，以髋关节为轴起身。重新躺下的时候也不要让腹直肌和髂腰肌的负荷流失，反复进行。

169

腹斜肌群

转体类项目和侧弯类项目，以及进一步将两者组合在一起的项目

给脊柱（躯干）横向弯曲的侧弯，以及扭转脊柱的转体动作增加负荷

外腹斜肌

（外腹斜肌的内侧较深位置是内腹斜肌）

腹斜肌群的主要动作

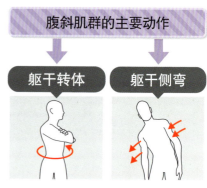

躯干转体　躯干侧弯

腹斜肌群的项目有转体（Twist）类和侧弯类。转体类的旋转提腿和转体锻炼，均具备较好的拉伸位负荷和拉伸效果，同时负荷难以流失。同为转体类动作的滑轮转体和仰卧转体动作，例如转体锻炼、器械类坐式转体等，只要按照动作要求进行，就能保持负荷不轻易流失。

项目一览及选择标准

腹斜肌群 ▼种类	▶项目	运动量	负荷流失程度	拉伸部位负荷程度	拉伸效果	动作学习难度	可否在家锻炼
自重 侧面卷腹	➡ p.171	较小	▲	弱	低	较难	可
自重 旋转卷腹	➡ p.172	较小	▲	较弱	低	普通	可
自重 旋转提腿	➡ p.173	中	容易流失	较强	较高	较易	可
器械 坐式转体	➡ p.174	中	难以流失	较强	较高	易	否
滑轮 滑轮转体	➡ p.175	中	▲	中	较高	较难	否
自由重量 转体锻炼	➡ p.176	中	容易流失	较强	高	较易	可
自由重量 仰卧转体锻炼	➡ p.178	较大	▲	中	中	较难	否
自由重量 侧压	➡ p.179	中	难以流失	中	较高	普通	可

注：▲＝介于二者之间。

外腹斜肌、内腹斜肌（主要是上半部分）

侧面卷腹

后背横向弯曲，锻炼腹斜肌群的上部

虽然姿势稍难，但可以锻炼通常难以企及的腹斜肌群的上部。动作小，所以运动量和拉伸负荷都很低。

要　点!

脊柱侧向弯曲

背部侧向弯曲的动作容易成为颈部的动作，请注意避免。这个动作的目的不是锻炼颈部，而是需要实现脊柱侧弯，抬起上半身。

1 在侧卧的状态下弯曲膝盖，将上侧的手放在后脑勺或耳朵后面。伸直脊柱，把下面的手放在侧腹上。

弯曲膝盖，保持侧卧的平衡。

2 后背侧弯，抬起上半身。由于动作小，最好以抬起上半身的姿势静止 1 秒为宜，使负荷不会流失。

放在侧腹上的手，可以感受到腹斜肌群的收缩感。

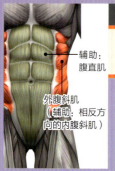

辅助：
腹直肌

外腹斜肌
（辅助：相反方
向的内腹斜肌）

旋转卷腹

转动上半身，锻炼腹斜肌群

拉伸负荷和拉伸效果都很低，是一个可以轻松完成的腹斜肌群项目。
由于上半身转动程度居中，因此腹直肌也可以一起得到锻炼。

抬起上半身，弯
曲后背。

1 　　仰卧，抬起脚来弯曲膝
盖。手放在耳朵后面，轻轻弯
曲背部，抬起上半身，给腹直
肌施加负荷。

带着扭转脊柱
的意识，转动
上半身。

2 　　继续弯曲后
背，一边抬起上
半身，一边扭转
身体。由于动作
小，最好以抬起
上半身的姿势静
止 1 秒为宜，使
负荷不会流失。

3 　　返回 1 的体态，向相反
方向转动上半身。可以左右
交互进行，也可以同一方向
连续进行。

腹斜肌群的项目 **3**　　　　　自 重

旋转提腿

外腹斜肌、
内腹斜肌

通过下半身的转动动作锻炼腹斜肌群

虽然负荷容易下降，但旋转卷腹的动作可以增强脊柱的转动。与旋转卷腹相比，拉伸位的负荷和拉伸效果都更好。

1 仰卧，双腿垂直抬起。双臂向左右张开，保持上半身稳定。

2 保持腿部平直，向侧面落下，顺势扭动上半身。脚停止在马上要接触到地板的位置，充分拉伸侧腹的腹斜肌群。

肩膀不要离开地面。

3 双脚向相反方向落下。上半身保持不动，骨盆和下半身转动，实现脊柱的转体运动。

骨盆和下半身转动。

173

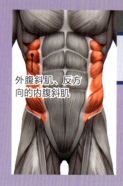

外腹斜肌、反方向的内腹斜肌

坐式转体

发动所有可活动区域，添加更重的负荷

对转动上半身的动作施加负荷的器械项目。可以轻松调节负荷程度。负荷难以下降，是一个拉伸效果和拉伸位负荷都很优良的项目。

要 点!

上半身大幅度转动

重要的是要在开始时就做出上半身大幅度转动的姿势。除了身体僵硬的人以外，要把脚垫放置在能够最大限度摆动的位置上。

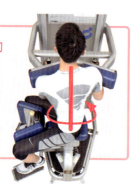

脚垫放置在最大旋转位上。

拉住杠杆，固定上半身。

1 坐在座位上，把靠垫贴在大腿内侧。转动上半身，抓住杠杆，胸部碰触到靠垫。

2 固定住上半身，将下半身转动到另一侧，体会侧腹的腹斜肌群动作。把座位设置到另一个方向，保持身体平衡，向相反方向进行转体运动（这台机器是可以固定上半身转动下半身，也有可以固定下半身转动上半身的）。

内腹斜肌（辅助：反方向的外腹斜肌）

绳索转体

同时转动手腕和身体，锻炼腹斜肌群

姿势稍有难度，但是负荷不容易流失，而且拉伸负荷较高。不要把肩部和腕部的力量用尽，重点是把力量集中在躯干转动的动作上。

要 点!

在拉动绳索的时候避免手臂和肩部的动作

这个项目容易带动手臂和肩部的动作。一旦加入手臂和肩部的动作，就不能充分锻炼躯干的腹斜肌群，所以在拉动滑轮的时候，请稳定好上半身。

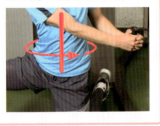

1 把绳索的起点设置到与肩同高，双手同时握紧一个把手，背对器械。然后以动作开始一侧的膝盖为轴心，向另一侧转动上半身。

朝向绳索起点的相反方向。

把手拉升到产生负荷的位置。

转动上半身，带动手臂摆动。

2 下半身保持稳定，通过转动上半身的动作，摆动水平拉伸的手臂，拉动绳索。另外，这个动作也可以对侧弯方向产生负荷。

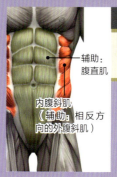

辅助：腹直肌

内腹斜肌
（辅助：相反方向的外腹斜肌）

自由重量

转体锻炼

轻松锻炼腹斜肌群的自由重量项目

拉伸负荷强大、拉伸效果卓越，可以锻炼到腹直肌。动作虽然简单，但是难点在于上半身朝正前方时负荷会下降。

1 双手拿起一个杠铃片坐在地板上，手臂向前伸。弯曲膝盖，将上半身向后倾斜，给腹直肌施加负荷。上半身后倾的角度以 45° 为宜。

这个项目也被称为俄罗斯转体（Russia twist）。

如果地板特别硬，可以铺垫子或大毛巾。

拓 展

在长椅上进行

坐在长椅上，把脚钩在座位的下面。由于上半身后倾角度更大，所以转体运动的可动范围变大。脚部固定以后，可以增加对髂腰肌的负荷。

拓 展

手持哑铃进行

如果有哑铃，在自己家里也能进行锻炼。双手握住一个哑铃，转动上半身，动作与手持杠铃片的时候相同。

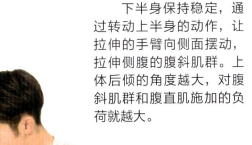

2

下半身保持稳定，通过转动上半身的动作，让拉伸的手臂向侧面摆动，拉伸侧腹的腹斜肌群。上体后倾的角度越大，对腹斜肌群和腹直肌施加的负荷就越大。

转动上半身，让手臂向下摆动。

3

手臂向相反方向摆动。伸直手臂，转动上半身，让杠铃片大幅度摆动。

保持脚部平衡，让下半身保持稳定。

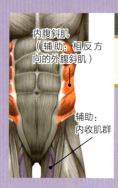

内腹斜肌
（辅助：相反方向的外腹斜肌）

辅助：
内收肌群

自由重量

仰卧转体锻炼

负荷不会轻易下降的单侧转体锻炼

侧卧的体态可以给侧弯方向增加负荷，实现转体锻炼。拉伸负荷较弱，可以视情况增加负荷。

1 两手拿着一个杠铃片坐在长椅上。侧卧的双腿分别向前、向后打开，脚尖钩在长椅上，以支撑上半身。手臂向前拉伸。

上半身向侧面倒下 45°。

双腿分跨在长椅两侧，脚尖钩住长椅。

2 保持下半身不动，转动上半身，带动拉伸的手臂向侧下方摆动。这就是开始动作的体态。如果长椅重量比较轻，可以把杠铃片放在长椅上，以便稳定长椅。

请注意骨盆不要跟上半身一起转动。

3 保持下半身不动，上半身向相反方向转动，手臂顺势向斜上方拉伸。骨盆向侧面倾斜时，上半身转动的动作可以让脊柱的活动扩大到最大范围，增加对腹斜肌群的刺激。

外腹斜肌、
内腹斜肌

腰方形肌

自由重量

侧压

通过脊柱侧弯的动作锻炼腹斜肌群

侧弯项目对腹斜肌群的刺激，与转体类项目不同。负荷不易下降，拉伸效果更好。同时，可以调整负荷重量。

1 　单手持哑铃，挺直后背。脚宽同腰宽。一边放下哑铃，一边侧弯上半身。利用哑铃的重量，彻底使脊柱向侧面弯曲。

以胸口附近为轴心侧弯。

2 　上半身向另一侧弯曲。用把上半身侧弯的动作提起哑铃。保持骨盆不动，脊柱侧面弯曲的时候，请想象以胸口为轴心。

用力收紧侧腹。

错误

骨盆移动

侧弯时，如果骨盆向侧面移动倾斜，就会让侧弯动作从髋关节开始，到上半身结束，因此躯干（脊柱）的侧弯幅度会变小，腹斜肌群的活动范围也同时变小。

颈部的肌肉群

分别介绍自己施加负荷的项目，以及使用杠铃片的项目

颈部屈肌群的主要动作

↓

头部弯曲

颈部伸肌群的主要动作

↓

头部伸展

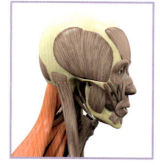

用自己的力量对颈部肌肉施加负荷，可以增强颈部功能和拉伸性，其优点是整套动作过程中负荷不会轻易下降。因此拉伸负荷比较高。这类动作比仰卧类项目的负担更大一些。

颈部屈肌群

项目一览及选择标准

▼种类 \ ▶项目		运动量	负荷流失程度	拉伸部位负荷程度	拉伸效果	动作学习难度	可否在家锻炼
自重 颈部摆动	➡ p.181	小	难以流失	较强	较高	较难	可
自由重量 仰卧颈部摆动	➡ p.181	小	▲	中	中	易	否

注：▲ = 介于二者之间。

颈部伸肌群

项目一览及选择标准

▼种类 \ ▶项目		运动量	负荷流失程度	拉伸部位负荷程度	拉伸效果	动作学习难度	可否在家锻炼
自重 颈部拉伸	➡ p.182	小	难以流失	较强	较高	较难	可

颈部屈肌群

颈部屈肌群的项目

自　重

颈部摆动

一边对抗手的推动力，一边向前摆动头部

该动作的优点是在力量对抗的情况下也能持续增加负荷。可以通过调节负荷强度，来提高拉伸负荷和拉伸效果。

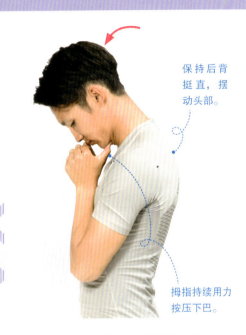

保持后背挺直，摆动头部。

拇指持续用力按压下巴。

1 　　挺直后背，头部向后倒。双手抱拳，用两个拇指的指肚贴在下巴上。在拇指向上推下巴的同时，用头部向前摆动的动作来进行对抗。

2 　　一边抵抗拇指带来的推动力，一边慢慢地向前低头。就这样持续用拇指按压下巴，同时抵抗拇指的力量。不要放松，向后摆动头部，回到 1 的姿势。

拓　展

仰卧颈部摆动

仰卧在长椅上，头部从座位上探出，把杠铃片放在额头上，头部用力向前摆动。这个动作的负荷不会轻易流失，可以在高负荷状态下锻炼颈部屈肌群。用毛巾垫在杠铃片和额头的中间。

颈部伸肌群

颈部伸肌群的项目

颈部拉伸

自 重

一边抵抗毛巾的拉力，一边向后摆动头部

这个动作最大的优点是，即使是在动作还原时也能够持续增加负荷，以此拉伸肌肉。因为负荷来自自己的力量，所以拉伸负荷和拉伸效果都能不断提高。

运用手臂和头部的反向力量，向两端拉动毛巾。

1 双手拿着毛巾，保持后背挺直，头部向前倾。将毛巾搭在后脑勺上，双手从两侧拉住毛巾，头部向后摆动，以此抵抗毛巾的拉力。

2 一边抵抗毛巾带来的拉力，一边慢慢地向后仰头。就这样持续用毛巾向下拉，同时抵抗毛巾的拉力。不要放松，慢慢向前低头，回到 1 的姿势。

拓 展

锻炼颈部侧屈肌群的方法

头部侧倒的动作，可以锻炼到颈部的侧屈肌群。把手掌放在同侧头部的太阳穴处，轻轻下压。用头部侧倒的动作，来带动颈部侧屈肌群，以此对抗手的压力。

第 **6** 章

主题肌肉锻炼课程

　　本章节中按照不同的锻炼项目和身体部位来介绍各种肌肉锻炼课程。为了保持肌肉锻炼的可持续性,建议提前准备好1周的锻炼课程表。刚入门的时候,可以以本章节中介绍的课程案例为基础。有了个人心得以后,完全可以根据自身的体力水平和生活节奏来制订原创课程表。

自重和拉力带全身课程

　　针对在家里锻炼的人群,提供以下课程案例。必要道具只有拉力带。如果使用长度为2米的长款拉力带,就可以双臂一起进行锻炼。如果分为多日实施,可以把课程分为下半身和上半身两部分。如果需要把课程分为三部分,则可以按照下半身、躯干、上半身来进行。

　　每种项目的锻炼目标均为10次×3组。如果一周内对某一部位锻炼的次数高于2次,那么2次之间至少要间隔1天的恢复期。

● 下半身

大腿前侧、内侧　臀部　印度深蹲（ → p.133 ）

臀部　自重臀桥（ → p.113 ）

大腿后侧　臀桥（ → p.139 ）

● 躯干

脊柱周围　自重后拉伸（ → p.157 ）

腹部　仰卧卷腹（ → p.163 ）

腹部　仰卧起坐（ → p.164 ）

侧腹　旋转提腿（ → p.173 ）

● 上半身

胸　宽臂俯卧撑（ → p.37 ）

背部侧面　拉力带下拉（ → p.63 ）

后背　反向划船（ → p.55 ）

肩后侧　绳索后举（ → p.81 ）

上臂后侧　肩前侧　窄距俯卧撑（ → p.98 ）

上臂前侧　拉力带弯举（ → p.89 ）

家庭篇 # 自重和哑铃全身课程

　　针对在家里进行强力锻炼的人群,提供以下课程案例。需要两个哑铃。根据实际需求,我们可以通过调整哑铃的重量来改变锻炼强度,所以非常方便。锻炼脊柱周围的动作,属于下半身项目,推荐选取单侧手脚硬拉等项目进行辅助锻炼。上半身的上臂锻炼项目,可以融入下半身或躯干项目的课程当中。

　　哑铃推举,也是适用于家庭锻炼的项目,可以参考p.52的解说在家进行锻炼。在进行保加利亚深蹲、单手划船、后踢等项目时,可以用家里的椅子代替长椅。

● **下半身**

`臀部` `臀部侧面` `大腿内侧`
保加利亚深蹲 (➡ p.116)

`臀部侧面` `臀部` `大腿内侧` `脊柱周围`
单侧手脚硬拉 (➡ p.124)

`大腿内侧、前侧、后侧` `臀部` 宽蹲 (➡ p.147)

● **躯干**

`腹部` 仰卧卷腹 (➡ p.163)

`侧腹` `腹部` 转体锻炼 (➡ p.176) ※ 使用哑铃

`侧腹` 侧压 (➡ p.179)

● **上半身**

`胸` `肩前侧` `上臂后侧` 哑铃推举 (➡ p.42)

`背中` 单手划船 (➡ p.59)

`肩中部` 哑铃侧平举 (➡ p.78)

`肩后侧` 哑铃后举 (➡ p.80)

`上臂后侧` 后踢 (➡ p.101)

`上臂前侧` 哑铃弯举 (➡ p.92)

注: 每种项目的锻炼目标均为 10 次 ×3 组。如果一周内对某一部位锻炼的次数高于 2 次,那么 2 次之间至少要间隔 1 天的恢复期。

器械全身课程

　　针对利用器械进行锻炼的人群,提供以下课程案例。重量设定简单,姿势也稳定。对于上臂后侧,通过进行胸压和肩压两个项目起到辅助锻炼的作用。如果设施中没有相应的机器,可以选用其他能够锻炼相同部位的项目。对于器械下拉的动作,可以用动作相同的背部下拉(→p.65)项目来代替。

　　由于上半身的项目数较多,所以如果分成下半身、躯干、上半身三部分来锻炼时,器械弯举可以放在下半身或躯干项目的那一天来进行。

● 下半身

臀部　大腿前侧、内侧　腿举(→ p.135)

臀部侧面　器械肌肉外展锻炼(→ p.122)

大腿前侧　腿部关节拉伸(→ p.134)

大腿内侧　立式后勾腿(→ p.140)

● 躯干

脊柱周围　器械后拉伸(→ p.158)

腹部　腹肌锻炼(→ p.166)

侧腹　坐式转体(→ p.174)

● 上半身

胸　肩前部　上臂后侧　胸推(→ p.38)

肩前中部　上臂后侧　器械肩推(→ p.84)

背中侧部　器械下拉(→ p.64)

背中　器械划船(→ p.56)

肩后侧　滑轮后举(→ p.81)

上臂前侧　器械弯举(→ p.90)

注:每种项目的锻炼目标均为 10 次 ×3 组。如果一周内对某一部位锻炼的次数高于 2 次,那么 2 次之间至少要间隔 1 天的恢复期。

（健身房篇） **自由重量全身课程**

　　针对以自由重量的方式进行强力锻炼的人群，提供以下课程案例。大重量带来强大的锻炼效果。由于上半身的项目数较多，所以建议与下半身和躯干项目分配在不同的日子进行。上半身的项目当中，有一些会涉及共同的肌肉部分，这样的项目可以整合到一起。例如分为胸系组合、上臂后侧组合、背系组合以及肩和上臂前侧组合。

　　相对于重量而言，更重要的是要保持以正确的姿势进行锻炼，拓展活动范围的锻炼意识。自由重量的项目中，往往都要涉及重量较大的项目，运动量也会随之变大。

● 下半身

大腿前侧、内侧　臀部　脊柱周围 杠铃深蹲（ ➡ p.136 ）

臀部侧面　臀部　大腿内侧　脊柱周围
单侧手脚硬拉（ ➡ p.124 ）

大腿内侧　臀部 罗马尼亚硬拉（ ➡ p.144 ）

● 躯干

脊柱周围 躯干后拉伸（ ➡ p.159 ）

腹部 下斜仰卧起坐（ ➡ p.169 ）

侧腹 仰卧转体锻炼（ ➡ p.178 ）

● 上半身

胸　肩前侧　上臂后侧 卧推（ ➡ p.44 ）

背中侧部 宽握引体向上（ ➡ p.66 ）

背中 俯身划船（ ➡ p.60 ）

上背部 哑铃侧平举（ ➡ p.71 ）

肩前侧、中部 杠铃后推（ ➡ p.86 ）

上臂前侧 哑铃弯举（ ➡ p.92 ）

上臂后侧 仰卧拉伸（ ➡ p.102 ）

注：每种项目的锻炼目标均为 10 次 ×3 组。如果一周内对某一部位锻炼的次数高于 2 次，那么 2 次之间至少要间隔 1 天的恢复期。

上半身强化课程

　　针对通过多个项目来强化上半身各部位锻炼的中级、高级健身人群,提供以下课程案例。可以将上半身分为胸,背部、上背部,肩前侧、中部,肩后侧,上臂前侧,上臂后侧6个部分进行锻炼。如果每周可以健身2次,每次分别锻炼3个部位,那么就可以将运动部位相近的项目整合到一起,分为胸,肩前侧、中部,上臂后侧以及背部、上背部,肩后侧,上臂前侧部分。

　　如每周可以健身3次,每次分别锻炼2个部位,那么就可以整合为胸和肩前侧、中部,背部、上背部和肩后侧,上臂前侧和上臂后侧这3部分。 除此之外,还可以分为胸和上臂后侧,背部、上背部和上臂前侧,肩前侧、中部和肩后侧这3部分。

● 胸

　　`胸` `肩前侧` `上臂后侧` 卧推 (➡ p.44)
　　`胸` 扩胸 (➡ p.39)
　　`胸上部` 下斜式卧推 (➡ p.48)

● 背部、上背部

　　`背中侧部` 背部下拉 (➡ p.65)
　　`背中` 俯身划船 (➡ p.60)
　　`上背部` 史密斯杠铃耸肩 (➡ p.70)

● 肩前侧、中部

　　`肩前侧、中部` 杠铃后推 (➡ p.86)
　　`肩中部` 哑铃侧平举 (➡ p.78)

● 肩后侧

　　`肩后侧` 哑铃后举 (➡ p.80)
　　`肩后侧` 后肩飞鸟 (➡ p.81)

● 上臂前侧

　　`上臂前侧` 哑铃弯举 (➡ p.92)
　　`上臂前侧` 哑铃斜托弯举 (➡ p.94)
　　`上臂前侧` 哑铃锤式弯举 (➡ p.95)

● 上臂后侧

　　`上臂后侧` 杠铃窄握卧推 (➡ p.106)
　　`上臂后侧` 仰卧拉伸 (➡ p.102)
　　`上臂后侧` 下压 (➡ p.100)

注：每种项目的锻炼目标均为10次×3组。如果一周内对某一部位锻炼的次数高于2次,那么2次之间至少要间隔1天的恢复期。

（健身房篇） # 下半身和躯干强化课程

　　针对通过多个项目来强化下半身和躯干各部位锻炼的中级、高级健身人群,提供以下课程案例。整体来说运动量较大,因此建议把以下蹲为主的锻炼日与以单脚硬拉（或者保加利亚深蹲等项目）和罗马尼亚硬拉为主的锻炼日分开。并且建议每周进行2次锻炼,2组动作交替进行。

　　关于各部位锻炼项目的顺序,应从自由重量项目开始,然后进行到机械或滑轮项目。负责拉伸躯干的脊柱起立肌,也能在下半身项目的杠铃深蹲中得到锻炼。在一个杠铃下蹲项目中也能锻炼。建议每周要进行2~3次腹部和侧腹的腹肌类项目。

● 下半身

大腿前侧、内侧　臀部　脊柱周围
杠铃深蹲 （➡ p.136）

臀部　臀部侧面　单脚硬拉 （➡ p.117）

大腿后侧　臀部　罗马尼亚硬拉 （➡ p.144）

大腿前侧　腿部关节拉伸 （➡ p.134）

大腿后侧　立式后勾腿 （➡ p.140）

骨盆前侧　髋部摆动 （➡ p.128）

小腿　小腿拉伸 （➡ p.154）

● 躯干

脊柱周围　躯干后拉伸 （➡ p.159）

腹部　下斜仰卧起坐 （➡ p.169）

侧腹　仰卧转体锻炼 （➡ p.178）

侧腹　坐式转体 （➡ p.174）

注：每种项目的锻炼目标均为 10 次 ×3 组。如果一周内对某一部位锻炼的次数高于 2 次,那么 2 次之间至少要间隔 1 天的恢复期。

家庭篇 和 **健身房篇** # 腹部紧缩课程

　　针对通过锻炼腹部前面的腹直肌和侧腹的腹斜肌群，提供以下收紧腹部的课程案例。虽然所有项目都可以在家中实施，但也分为家庭篇和健身房篇进行介绍。只要能以正确的姿势进行持续锻炼，那么家庭篇动作同样可以得到与健身房篇相同的效果。

　　如果体能可以接受，每周可以锻炼2~3次。如果每周只能去1~2次健身房，可以每周分别做1次家庭篇课程和1次健身房篇课程。通过组合的方式，灵活搭配项目，才能不厌烦地继续下去。

● 家庭篇

| 腹部 | 仰卧卷腹（➡ p.163） |

| 腹部 | 仰卧起坐（➡ p.164） |

| 侧腹 | 腹部 | 旋转卷腹（➡ p.172） |

| 侧腹 | 转体锻炼（➡ p.176） |

| 侧腹 | 旋转提腿（➡ p.173） |

● 健身房篇

| 腹部 | 绳索下压（➡ p.167） |

| 腹部 | 骨盆前侧 | 下斜仰卧起坐（➡ p.169） |

| 侧腹 | 坐式转体（➡ p.174） |

| 侧腹 | 仰卧转体锻炼（➡ p.178） |

| 侧腹 | 侧压（➡ p.179） |

示范模特

秋山翔飞
（日本国际武道大学）

AYAKA
（BRAFT）

摄影 日本国际武道大学

摄影、插图支持 Shutterstock

服装 Nike Japan

作者简历

荒川裕志（ARAKAWA HIROSHI）

　　日本国际武道大学体育学部副教授。1981年出生于日本福岛县。担任体育科学中心体育科学研究部研究员一职。毕业于早稻田大学理工学院，东京大学研究生院综合文化研究科博士，生物力学训练科博士。虽然是体育科学的研究者，但也曾专职从事过格斗家的职业。著有与运动相关的多部著作。

工作人员

编辑制作：谷口洋一
设计：小林幸惠、玉井真琴
摄影：清水亮一

©2021 辽宁科学技术出版社

著作权合同登记号：第 06-2020-166 号。

图书在版编目（CIP）数据

肌肉锻炼完全图解 /（日）荒川裕志著；王春梅译 .—
沈阳：辽宁科学技术出版社，2021.9
ISBN 978-7-5591-2124-0

Ⅰ．①肌… Ⅱ．①荒… ②王… Ⅲ．①肌肉－力量训练－
图解 Ⅳ．① G808.14-64

中国版本图书馆 CIP 数据核字（2021）第 128237 号

出版发行：辽宁科学技术出版社
　　　　　（地址：沈阳市和平区十一纬路25号　邮编：110003）
印　刷　者：辽宁新华印务有限公司
经　销　者：各地新华书店
幅面尺寸：170mm×240mm
印　　张：12
字　　数：300千字
出版时间：2021年9月第1版
印刷时间：2021年9月第1次印刷
责任编辑：康　倩
版式设计：袁　舒
封面设计：袁　舒
责任校对：闻　洋

书　　号：ISBN 978-7-5591-2124-0
定　　价：59.80元

联系电话：024-23284367
邮购热线：024-23284502